COMPLIANCE PARA PEQUENAS E MÉDIAS EMPRESAS

APORTES TEÓRICOS E PRÁTICOS PARA GESTORES, DOCENTES E DISCENTES

CRISTIANE PETROSEMOLO COLA
LUANA LOURENÇO

Coordenadoras

Prefácio

Marco Tulio Zanini

Posfácio

Leandro de Matos Coutinho

COMPLIANCE PARA PEQUENAS E MÉDIAS EMPRESAS

APORTES TEÓRICOS E PRÁTICOS PARA GESTORES, DOCENTES E DISCENTES

Belo Horizonte

FÓRUM
CONHECIMENTO JURÍDICO

2021

© 2021 Editora Fórum Ltda.

É proibida a reprodução total ou parcial desta obra, por qualquer meio eletrônico, inclusive por processos xerográficos, sem autorização expressa do Editor.

Conselho Editorial

Adilson Abreu Dallari
Alécia Paolucci Nogueira Bicalho
Alexandre Coutinho Pagliarini
André Ramos Tavares
Carlos Ayres Britto
Carlos Mário da Silva Velloso
Cármen Lúcia Antunes Rocha
Cesar Augusto Guimarães Pereira
Clovis Beznos
Cristiana Fortini
Dinorá Adelaide Musetti Grotti
Diogo de Figueiredo Moreira Neto (*in memoriam*)
Egon Bockmann Moreira
Emerson Gabardo
Fabrício Motta
Fernando Rossi
Flávio Henrique Unes Pereira
Floriano de Azevedo Marques Neto
Gustavo Justino de Oliveira
Inês Virgínia Prado Soares
Jorge Ulisses Jacoby Fernandes
Juarez Freitas
Luciano Ferraz
Lúcio Delfino
Marcia Carla Pereira Ribeiro
Márcio Cammarosano
Marcos Ehrhardt Jr.
Maria Sylvia Zanella Di Pietro
Ney José de Freitas
Oswaldo Othon de Pontes Saraiva Filho
Paulo Modesto
Romeu Felipe Bacellar Filho
Sérgio Guerra
Walber de Moura Agra

FÓRUM
CONHECIMENTO JURÍDICO

Luís Cláudio Rodrigues Ferreira
Presidente e Editor

Coordenação editorial: Leonardo Eustáquio Siqueira Araújo
Aline Sobreira de Oliveira

Av. Afonso Pena, 2770 – 15º andar – Savassi – CEP 30130-012
Belo Horizonte – Minas Gerais – Tel.: (31) 2121.4900 / 2121.4949
www.editoraforum.com.br – editoraforum@editoraforum.com.br

Técnica. Empenho. Zelo. Esses foram alguns dos cuidados aplicados na edição desta obra. No entanto, podem ocorrer erros de impressão, digitação ou mesmo restar alguma dúvida conceitual. Caso se constate algo assim, solicitamos a gentileza de nos comunicar através do *e-mail* editorial@editoraforum.com.br para que possamos esclarecer, no que couber. A sua contribuição é muito importante para mantermos a excelência editorial. A Editora Fórum agradece a sua contribuição.

Dados Internacionais de Catalogação na Publicação (CIP) de acordo com a AACR2

C683	Cola, Cristiane Petrosemolo
	Compliance para pequenas e médias empresas: aportes teóricos e práticos para gestores, docentes e discentes / Cristiane Petrosemolo Cola, Luana Lourenço.– Belo Horizonte : Fórum, 2021.
	163 p; 14,5x21,5cm
	ISBN: 978-65-5518-123-4
	1. Direito Empresarial. 2. Administração de Empresas. 3. Contabilidade. I. Lourenço, Luana. II. Título.
	CDD 346.07
	CDU 347.7

Elaborado por Daniela Lopes Duarte - CRB-6/3500

Informação bibliográfica deste livro, conforme a NBR 6023:2018 da Associação Brasileira de Normas Técnicas (ABNT):

COLA, Cristiane Petrosemolo; LOURENÇO, Luana. *Compliance para pequenas e médias empresas:* aportes teóricos e práticos para gestores, docentes e discentes. Belo Horizonte: Fórum, 2021. 163 p. ISBN 978-65-5518-123-4.

SUMÁRIO

PREFÁCIO
Marco Tulio Zanini 11

APRESENTAÇÃO 15

CAPÍTULO 1
COMPLIANCE E A ÉTICA CORPORATIVA PARA A TRANSFORMAÇÃO CULTURAL
LUANA LOURENÇO 19
    Estudo de caso 19
    Introdução 19
1   O que é *compliance* 21
1.1   Programa de integridade, programa ou sistema de *compliance* 21
1.2   Legislação anticorrupção no Brasil, EUA e Reino Unido 23
1.3   Programa de *compliance* efetivo 26
1.4   Custos da não conformidade 28
2   Ética empresarial 30
    Conclusão 31
    Referências 32

CAPÍTULO 2
GOVERNANÇA, RISCOS E COMPLIANCE: RACIONAL INTEGRATIVO DE GESTÃO ESTRATÉGICA
VICTOR LUNETTA 35
    Estudo de caso 35
    Introdução 36
1   Definições de GRC 37
1.1   Governança corporativa (GC) 37
1.2   Riscos 38
1.3   *Compliance* 40
2   Implementação 40

3	Inteligência, tecnologia, tendência e poder	42
4	Aplicabilidade às pequenas e médias empresas	44
	Conclusão	45
	Referências	46

CAPÍTULO 3
PILARES DE UM PROGRAMA DE *COMPLIANCE*
CRISTIANE PETROSEMOLO COLA 49

	Estudo de caso	49
	Introdução	50
1	Como realizar uma avaliação de riscos de *compliance*	53
2	Sete elementos do programa de *compliance*	55
2.1	Escrever padrões de conduta, políticas e procedimentos	55
2.2	Designar um *compliance officer* e outros representantes apropriados	55
2.3	Programa de educação e treinamento efetivo	56
2.4	Auditoria e técnicas de avaliação para monitorar o programa de *compliance*	56
2.5	Estabelecer processos de reporte e procedimentos para denúncias	57
2.6	Mecanismos de punição apropriados	58
2.7	Investigação e remediação de problemas sistêmicos	59
	Conclusão	60
	Referências	60

CAPÍTULO 4
GERENCIAMENTO DE RISCOS E CONTROLES DE INTEGRIDADE
BERNARDO LEMOS 63

	Estudo de caso	63
	Introdução	64
1	Riscos de integridade	65
1.1	Fatores de risco	67
2	Processos relacionados à integridade	67
3	Etapas do gerenciamento de risco de integridade	68
4	Tipos de risco de integridade	69
5	Matriz de riscos e controles de integridade	71

Conclusão 75
Referências 76

CAPÍTULO 5
MITIGANDO RISCOS DE *COMPLIANCE*: CÓDIGO DE CONDUTA E POLÍTICAS INTERNAS
THEREZA MOREIRA..77
    Estudo de caso 77
    Introdução 78
1   Código de conduta 79
2   Responsabilidade da alta administração (*tone of the top*) 81
3   Controles e políticas internas 82
4   Treinamentos e comunicação 85
5   Auditoria x monitoramento 88
    Conclusão 90
    Referências 91

CAPÍTULO 6
DUE DILIGENCE PARA AVALIAÇÃO DE TERCEIROS
THAÍSSA FELGUEIRAS 93
    Estudo de caso 93
    Introdução 93
1   Avaliação de terceiros 95
2   Níveis de *due diligence* 96
3   Principais aspectos da investigação 98
4   Responsabilização por atos de terceiros: meios de proteção 99
5   Benefícios da análise de integridade 100
    Conclusão 101
    Referências 101

CAPÍTULO 7
CANAL DE DENÚNCIAS, INVESTIGAÇÃO E *WHISTLEBLOWING*
DANIEL BRANDÃO..103
    Estudo de caso 103
    Introdução 104
1   O que é um canal de denúncia 104
2   Investigação 109

2.1	Medidas diversas e definição de investigação	109
2.1.1	Investigação preventiva	110
2.1.2	Investigação apuratória	110
2.1.3	Investigação como informação para tomada de decisão	111
2.1.4	Investigação para medidas disciplinares (ou contratuais)	112
2.1.5	Investigação de conhecimento (inteligência)	113
3	*Whistleblowing*	115
	Conclusão	119
	Referências	120

POSFÁCIO
Leandro de Matos Coutinho 121

APÊNDICES

APÊNDICE A
QUESTIONÁRIO DE AUTODIAGNÓSTICO DE *COMPLIANCE*.....125

APÊNDICE B
CAPÍTULO 2: QUESTIONÁRIO DE AUTOAVALIAÇÃO NO PROCESSO DE INTEGRAÇÃO GRC...133

APÊNDICE C
CAPÍTULO 5: MODELO DE CÓDIGO DE CONDUTA.......................137
Primeira parte: cabeçalho 137
Segunda parte – desenvolvimento do documento 138
Seção 1: Objetivo 138
Seção 2: Definições ou Esclarecimentos 138
Seção 3: Diretrizes ou Responsabilidades 140
Seção 4 – Sanções 142
Seção 5 – Comunicação ou Treinamento ou Monitoramento 143

APÊNDICE D
CAPÍTULO 5: MODELO DE POLÍTICA DE CONFLITO DE INTERESSES 145
1. *Conflito de interesses na contratação de pessoas* 147
2. *Conflito de interesses na contratação de terceiros* 148

    3. Conflito de interesses com agentes públicos 148

APÊNDICE E
CAPÍTULO 5: MODELO DE POLÍTICA ANTICORRUPÇÃO 151

APÊNDICE F
CAPÍTULO 7: CANAL DE DENÚNCIAS, INVESTIGAÇÃO
E *WHISTLEBLOWING* 157
        Fases de uma investigação 158
1   Conhecimento do fato 158
2   Planejamento da apuração 158
3   Diligências 159
3.1   Entrevistas iniciais 159
3.2   Coletas 159
3.3   Buscas 159
3.4   Perícias 159
3.5   Entrevista do suspeito (ou alvo) 160
4   Relatório conclusivo 160

SOBRE OS AUTORES 161

PREFÁCIO

As mudanças sociais que vêm ocorrendo no Brasil talvez sejam melhor compreendidas em mais alguns anos, quando nos afastarmos temporalmente dos acontecimentos. Notavelmente, estamos vivendo um processo de amadurecimento e desenvolvimento institucional sem precedentes na história do país. Ao contrário do que poderiam pensar aqueles que apostam nas teorias conspiratórias e nas forças ocultas fantasiosas por trás dos recentes eventos, nossas instituições atingiram uma maturidade impensável há alguns anos. O Brasil deu passos gigantes em 70 anos. Nos anos 1950 éramos pouco mais de 50 milhões de pessoas, em sua maioria analfabetos vivendo em zonas rurais. Nos anos 2010, nos tornamos mais de 200 milhões de brasileiros, com menos de 8% de analfabetos, vivendo predominantemente em grandes concentrações urbanas. Os traços de cultura nacional que prevaleceram desde o período colonial, que sempre acomodaram interesses e necessidades dentro de uma lógica de aceitação do exercício discricionário de poder, relacionamentos baseados em trocas de lealdades pessoais, mantendo uma grande quantidade de pessoas na base da pirâmide em posição de complacentes expectadores, deram lugar a um engajamento nunca visto.

Dificilmente poderíamos explicar as consequências mais recentes dessas mudanças que vêm ocorrendo no país por um viés unidisciplinar econômico, político ou social. Mas, inequivocamente, dois fatores foram extremamente importantes: o desenvolvimento mais recente das tecnologias da informação e comunicação; e uma nova identidade e atividade empreendedora, que passou a ser percebida como meio de ascensão e realização individual.

Novos canais de comunicação e interação surgiram rapidamente, criando a possibilidade de acessos democráticos a indivíduos dos diversos segmentos da sociedade, quer estejam identificados por uma bandeira relacionada a política, religião, esporte ou atividade profissional. Gostemos ou não, as redes sociais emergiram como uma nova arena de trocas e práticas sociais e consumo, que vem definindo novos rumos para o futuro, dificilmente revogáveis.

Especialmente, a partir da segunda metade dos anos 1990, uma nova identidade empreendedora começou a se espalhar pelo ambiente de trabalho do país, como possibilidade de ascensão e realização pessoal, dentro e fora das organizações, inicialmente a partir dos jovens das classes sociais mais altas, com mais acesso a trocas e experiências, informações e acesso às melhores universidades, atingindo depois outros públicos de outras classes sociais. A possibilidade de assumir o protagonismo e empreender atuando sobre a sua realidade concreta, transformando ideias em projetos, é algo novo e passou a contagiar uma grande quantidade de pessoas motivadas pela capacidade de acessão e autorrealização. Aquilo que poderia ser um sonho de difícil realização para as gerações anteriores começou a se transformar em real possibilidade para muitas pessoas, com grande quantidade de casos de sucesso e exemplos de trajetórias empreendedoras bem-sucedidas de empresários, microempresários e executivos brasileiros. Indivíduos dentro e fora das grandes empresas, ou mesmo em organizações públicas, encontraram espaços de atuação e realização e a necessidade de assumir seu protagonismo. A partir de então, não seria um plano de carreira bem estruturado e uma postura conivente com as regras da hierarquia o que deveria ditar o futuro, mas, para uma boa parte desses novos empreendedores, a sua autodeterminação e a sua ambição em criar o seu próprio futuro é que passaram a prevalecer como verdade e possibilidade concreta.

Estes fatores geraram mudanças de identidade e significado em nossa sociedade que têm nos trazido a novos tempos, repletos de possibilidades e oportunidades de expressão das liberdades individuais. Em contrapartida, tais mudanças vêm apresentando grandes desafios para a criação e a implementação de regras que possam orientar e gerir a ação coletiva, por exemplo, na aceitação a todas as formas de diversidade e expressão das liberdades, dificuldades em gerar e gerir o alinhamento e percepção de objetivos comuns e do bem coletivo, e inibir, identificar e punir as diversas formas de oportunismo na vida em sociedade. Não somente por regras formais, mas principalmente também pelas regras informais que orientam e precisam ser amplamente aceitas e compartilhadas pelo coletivo como um contrato bem estabelecido que define os limites necessários ao exercício das liberdades individuais numa sociedade de direitos e deveres.

Em algum momento, o Brasil parece ter tirado a própria roupa na frente do espelho, e passou a enxergar tudo aquilo que temia e suspeitava, mas não estava claramente comprovado por evidências.

Práticas e comportamentos tradicionalmente acomodados em nosso modelo cultural passaram a incomodar as novas gerações em todas as áreas. Nas empresas, órgãos públicos e universidades, vêm ocorrendo novos movimentos de repulsa às práticas autoritárias, paternalistas e oportunistas e fomentando-se desejos de mudança e organização do coletivo para a construção de uma nova ordem, com mais ética e transparência. A boa governança constituída por regras formais e informais (cultura) é essencial para a construção da confiança como um ativo intangível para a produção de riqueza. Um país como o Brasil, com fortes traços de coordenação baseados em hierarquia e controle, ainda tem muito a aprender para gerar coordenação e cooperação horizontal, fundamentais para o aumento da produtividade e competitividade em mercados de alto valor agregado.

A presente obra vem como uma resposta a estes novos tempos. A disciplina do *compliance*, envolvendo os diversos processos de governança, gestão dos riscos corporativos e sustentabilidade, orientados para a produtividade, representa uma disciplina organizacional fundamental para a gestão das sociedades nestes novos tempos que demandam mais transparência e governança para atender os diversos públicos de interesse. A licença social para operar, produzir e prosperar aos olhos desses diversos grupos deve alinhar a ambição dos empreendedores aos interesses coletivos. E os autores desta obra se preocuparam em trazem contribuições importantes para este fim.

A obra reúne a experiência de consultores, professores e especialistas como coautores nas áreas de Governança, Gestão de Riscos e *Compliance*, que vêm acumulando, ao longo de suas carreiras e em seu cotidiano, novas perspectivas para o aprimoramento dos programas de integridade nas organizações. Neste sentido, o livro apresenta inovações em conceitos e instrumentos aplicáveis, especialmente para as pequenas e médias empresas. Em especial, o conjunto da obra reúne elementos que favorecem o fortalecimento da cultura organizacional orientada para a integridade e o equilíbrio e a convergência de interesses.

Em seu conjunto, os sete capítulos buscam conciliar a ética corporativa, como princípio moral, e a produtividade, como princípio econômico, assumindo um novo contexto para a geração de valor, que combina governança, gestão de recursos e processos e cultura organizacional. Conhecendo e reconhecendo com admiração os esforços e dedicação dos autores, em especial o genuíno interesse e contribuição da organizadora desta obra, *Profa. Luana Lourenço*, estou certo de que esta vem ocupar um espaço importante na construção de um ambiente empresarial mais empreendedor, transparente e sustentável, capaz de contribuir como alicerce para este novo momento no país.

Rio de Janeiro, 2020

Marco Tulio Zanini

PhD – Consultor Especialista no Desenvolvimento de lideranças e Gestão Estratégica da Cultura e Ativos Intangíveis Organizacionais. Pioneiro no Brasil nos estudos sobre Confiança e Liderança em empresas. Sócio fundador da Symbállein – empresa especializada no diagnóstico estratégico da cultura e ativos intangíveis organizacionais. Professor Pesquisador da Ebape/FGV.

APRESENTAÇÃO

Esta obra reúne expertises de consultores, professores e especialistas nas áreas de Governança, Gestão de Riscos e *Compliance*. Entre os autores estão economistas, advogados e executivos de *compliance* que encaram em seu cotidiano os desafios, as oportunidades e perspectivas em aprimorar seus programas de integridade.

Apesar de percebermos avanços nas ferramentas de controles internos, ainda é possível encontrar falhas nos processos. Assim, com o intuito de colaborar com o aprimoramento das ferramentas de *compliance*, organizamos uma estrutura como ponto de partida para empresas avançarem com os controles internos.

O livro apresenta aspectos complexos e multifacetados do *compliance*. Cada capítulo traz um estudo de caso e uma ferramenta disposta nos apêndices. Assim, de forma didática, oferece valiosas orientações para implantação e desenvolvimento de processos para construção de um programa de *compliance* efetivo.

O objetivo não é esgotar o tema, pois ainda há muito a ser desenvolvido. Os assuntos ora abordados extrapolam os limites da nossa proposta, que é oferecer ferramentas para auxílio na gestão e no desenvolvimento profissional. Então, convidamos executivos, consultores, estudantes, professores e pesquisadores para aperfeiçoarem nossas ferramentas com produtos que favoreçam o desenvolvimento social e econômico.

Assim, apresentamos de forma inovadora conceitos teóricos e ferramentas práticas com uma série de instrumentos de análises para que a empresa possa medir seus processos de *compliance* e produzir seus próprios relatórios.

Nossa proposta é fundamentalmente contribuir com o desenvolvimento social e econômico e com o fortalecimento da cultura interna nas organizações.

As ferramentas reunidas neste livro visam a contribuir significativamente com a seara empresarial tanto no âmbito das organizações como na comunidade acadêmica. A propósito, acreditamos que a maior contribuição se dará no universo acadêmico, para docentes e discentes.

Cumpre destacar a importância do profissional especialista em *compliance*, pois, sem o profissional responsável pela área, não há *compliance*. Justamente por se tratar de uma área que pode deixar uma empresa em posição de extrema vulnerabilidade.

Além da presença do *Compliance Officer*, o setor contará com uma equipe de analistas, com formação acadêmica adequada para exercer a função. Logo, a composição do time poderá ser multidisciplinar: profissionais com distintas competências e habilidades técnicas serão contratados, conforme a complexidade dos negócios.

A primeira parte do livro apresenta a visão individual dos autores, com artigos elaborados em 2019, abordando de modo abrangente os diversos processos de implantação e gestão de programas de integridade. Na segunda parte, mostraremos caminhos a serem traçados com o uso de questionários de autodiagnósticos para empresas, especialmente para Pequenas e Médias Empresas (PMEs).

O Capítulo 1 apresenta a Ética Corporativa como princípio basilar para a criação de valor de uma organização. O desenvolvimento cultural de uma empresa pautado na geração de valor, com processos devidamente planejados e estruturados conforme a complexidade do negócio. Representa um convite para reflexão acerca da transformação organizacional.

Nesse contexto, o elemento central para estruturação de um bom programa de integridade é a ética. Desse modo, o desenvolvimento da cultura organizacional deve ser estrategicamente orientado para a criação de valor e isso se dá no médio e no longo prazos. A geração de valor certamente virá como resultado dos esforços empregados outrora.

O Capítulo 2 define os fundamentos da arquitetura GRC (Governança, Riscos e *Compliance*), proposta na década dos anos 2000, harmonizando dimensões empresariais conhecidas desde o século anterior: governança (relacionamento com *stakeholders*), gestão de riscos (antecipação de incertezas) e *compliance* (mecanismos internos de adequação normativa).

Embora relevantes mesmo quando consideradas isoladamente, uma panorâmica e integrada visão das três apresenta consideráveis vantagens, refletidas na combinada economia de recursos, celeridade de processos e fortalecimento de uma cultura corporativa diligente.

Sobre as bases de um programa de *compliance* efetivo, o Capítulo 3 tem como objetivo compartilhar com o leitor os sete pilares de um programa de integridade para que a empresa possa iniciar o planejamento e a organização das ações necessárias para estruturar este projeto de extrema importância para todos os funcionários e parceiros de negócios.

Também é abordado o que é risco de *compliance*, mencionando alguns tipos de riscos que são considerados em um programa de *compliance* e como realizar a avaliação de riscos para priorizar as ações que serão consideradas.

O Capítulo 4 versa sobre o gerenciamento de riscos e controles de integridade, trazendo como aspecto central a construção de uma matriz de riscos, que se configura no ponto de partida e ferramenta indispensável para a criação de um Programa de Integridade.

As chamadas matrizes de risco de integridade são construídas a partir dos dados, informações e observações coletados na companhia e devem incluir os fatores e respectivos riscos identificados, controles existentes, potenciais fragilidades e ações de melhoria. Os objetivos dessa ferramenta são incrementar o ambiente de controles da organização, elevar sua maturidade de *compliance* e contribuir para a implementação de um Programa de Integridade efetivo, tal como instruído pelo Decreto nº 8.420/15.

No Capítulo 5, abordaremos a importância do código de conduta e de políticas internas que instruam e orientem os funcionários como a empresa põe, na prática de seus negócios, seus valores, missão e visão.

O código de conduta é o universo de medidas adotadas dentro do âmbito das empresas para, através da conscientização de pessoas e implementação de medidas e processos, garantir o cumprimento da lei, estabelecer formas de detecção e tratamento de não conformidades e prevenir atos de corrupção e fraude que podem ser praticadas por seus colaboradores, terceiros ou parceiros comerciais.

O Capítulo 6 aborda tema de relevância para empresas privadas e profissionais da área de *compliance* que buscam implementar um programa de *compliance* efetivo. A *due diligence* como procedimento de coleta de informações de terceiros permite uma avaliação fundamentada e um resultado com maior segurança jurídica para qualquer operação.

Além de ser um pilar primordial para um programa de *compliance*, a *due diligence* para avaliação de terceiros tem como objetivo garantir uma tomada de decisão abrangente, considerando os riscos e benefícios, no que tange à interação com clientes, terceiros e agentes públicos.

O capítulo 7, "Canal de Denúncias, Investigação e *Whistleblowing*", procura demonstrar a importância da ferramenta "Canal de Denúncias", seja interna ou externa (mais apropriada), para o auxílio das investigações realizadas na organização em todo tipo de ocorrência, seja inconformidades, atos antissociais ou criminais.

Buscamos desmistificar um procedimento de investigação, como sendo útil e imprescindível para geração de conhecimento para a alta administração tomar decisões, terminando com considerações sobre a figura do *Whistleblowing* que é pouco conhecido e aplicado no Brasil, por questões culturais e legais.

Com isso, este livro tem a intenção primordial de contribuir com processos internos nas empresas, colaborar com a capacitação profissional dos especialistas de *compliance* e servir de suporte para docentes, discentes e iniciantes.

A iniciativa de escrever esta obra partiu da vontade de um grupo de estudiosos de contribuir com a comunidade acadêmica para o desenvolvimento do *compliance* no Brasil e no mundo.

O processo de elaboração contou com o mais alto nível de comprometimento e espírito colaborativo dos profissionais que compõem o Grupo de Trabalho Questionários de Autodiagnósticos para Empresas do Instituto Compliance Rio (ICRio).

Portanto, o livro retrata o desejo genuíno de cada autor de colaborar com a construção de um mundo melhor. Assim, compreende um somatório de esforços de profissionais competentes, com experiência de mercado, dotados de sólidos valores éticos e morais e que persistem diariamente na construção de um Brasil bom, ético e justo.

Convidamos os leitores a mergulhar fundo neste movimento.

Boa leitura!

CAPÍTULO 1

COMPLIANCE E A ÉTICA CORPORATIVA PARA A TRANSFORMAÇÃO CULTURAL

LUANA LOURENÇO

Estudo de caso

Emília Chagas, diretora da Fazemos Qualquer Negócio S/A anunciou hoje sua demissão. A ex-diretora tornou públicas queixas contra a organização, revelando uma série de práticas irregulares ocorridas em suas operações que envolvem: desvios de verbas, lavagem de dinheiro, fraudes, corrupção e sonegação fiscal.

O Ministério Público declarou que a empresa está sendo investigada por denúncias de fraudes, corrupção e lavagem de ativos.

A empresa manifestou-se em nota, admitindo que precisará reformular seu modelo de negócio e que contratou uma consultoria especializada em implantação de programas de *compliance*. Ainda, a Fazemos Qualquer Negócio nomeará sua nova diretoria e se comprometeu em contribuir com as investigações.

Introdução

O caso supra-apresentado ilustra o atual cenário empresarial e foi formulado hipoteticamente para construir uma análise do *compliance* e da ética empresarial diante dos grandes escândalos ocorridos no mundo corporativo, contextualizando o presente estudo.

Para o fortalecimento da ética corporativa, é importante que as organizações incentivem seus executivos a visar não somente a lucros, mantendo sua atenção voltada para alcançar uma posição relevante no mercado de uma empresa que é dirigida por valores, elevados padrões éticos e que exerce sua responsabilidade social.

Questões relativas à responsabilidade social, transparência, prestação de contas, comportamento ético e desenvolvimento sustentável são pontos-chave para a sustentabilidade das empresas. Além disso, contribuem com a acurada avaliação dos riscos e oportunidades das organizações que buscam crescimento e sustentabilidade, e focam no longo prazo.

Desse modo, o *compliance* precisa estar integrado a todos os processos da organização, especialmente aliados aos setores de Gestão de Riscos, Sustentabilidade e Governança Corporativa. Melhorar os mecanismos de controle tornará os processos mais eficientes e otimizará os recursos que, por vezes, são escassos.

A *gestão dos riscos* deve ser compreendida de forma ampla, refletindo uma visão global da companhia, seus desafios e perspectivas. Esse tema ganhará maior destaque nos próximos capítulos.

Para garantir que o programa de integridade seja efetivo, é importante o comprometimento da alta liderança com a cultura da organização e apenas a partir disso é possível sustentar as mudanças que ocorrerão em suas operações.

Ainda, a ética corporativa e o *compliance* constituem fatores motivacionais para os colaboradores, contanto que sejam compreendidos como uma verdadeira psicologia empresarial.

A ausência de um programa de integridade pode expor a organização a riscos como fraude e corrupção. A organização baseada em ações concretas e medidas comportamentais de caráter ético amplia seus negócios de forma sustentável, especialmente quando o *mindset* parte da alta direção, pois envia uma mensagem positiva para todas as partes relacionadas.

Decerto, um bom programa de *compliance* tende a reduzir a rotatividade de funcionários em uma companhia, pois gera maior senso de pertencimento e engajamento dos funcionários.

Convém, no entanto, trazer à baila o que compreende o *compliance* e a *ética corporativa*, esta deve ser compreendida como cultura, ou seja, comportamentos éticos que são habituais e contínuos.

1 O que é *compliance*

A Lei nº 12.846/13, também denominada "Lei da Empresa Limpa" ou "Lei Anticorrupção", trouxe ao ordenamento jurídico brasileiro a possibilidade de atenuar sanções, incluindo multas, caso a sociedade empresária comprove a existência em seus negócios de um programa de integridade efetivo.

Oriunda do termo *to comply*, *compliance* significa estar em conformidade. Essa terminologia tem um alcance muito amplo, pois cada vez mais se aumentam os parâmetros para que uma empresa esteja em conformidade e cumpra as regras do jogo.

Podem-se extrair dela alguns conceitos, tais como conformidade, aderência, conveniência e cumprimento de normas internas e externas de uma organização. Entretanto, estar de acordo com leis e regulamentos não é garantia de estar em conformidade, pois o elemento central do *compliance* é a *integridade*.

O *compliance* compreende um instrumento de gestão amplo, abrangente, que envolve todos os processos, áreas e colaboradores de uma empresa, sendo, atualmente, indispensável para a garantia de sua perenidade.

Quanto às ferramentas do *compliance*, Blok (2017, p. 35) ilustra-as sob o seguinte tripé: i. gestão de ética dos negócios: alta administração; ii. conformidade: operação; e iii. estado de adesão: cultura ética organizacional.

Entende-se que "estar em *compliance*" significa que a alta direção tem suas ações e reações totalmente voltadas para valores e princípios éticos e morais, que as operações da empresa estão em conformidade, ou seja, em todas as suas atividades a empresa cumpre as normas internas e externas, e que a cultura ética organizacional já está consolidada dentro da organização e com seus grupos de interesses.

Em suma, integridade, transparência, ética, sustentabilidade e responsabilidade social são pontos-chave para garantir que a organização permaneça ativa no mercado, fazendo frente aos desafios diários de cada negócio.

1.1 Programa de integridade, programa ou sistema de *compliance*

Algumas denominações são utilizadas para fazer referência ao conjunto de esforços e mecanismos de integridade, tais como: programa de integridade, programa de *compliance*, programa de conformidade ou sistema de *compliance*. São expressões que traduzem o que comumente chamamos de *programa de compliance*.

Sobre os pilares do *compliance*, Giovanini (2014, p. 49) ressalta que "são os esteios do programa e necessitam de profunda análise por parte da alta direção da empresa".

O autor assevera que "independentemente do formato, deve a empresa ser consequente, desde a sua concepção até as lições diárias mais comuns". O objetivo é gerar maior aderência ao programa junto aos colaboradores.

A Controladoria-Geral da União (CGU, 2015, p. 6 e 7) orienta que um Programa de Integridade deve ser baseado em cinco pilares, vejamos:

a) comprometimento e apoio da alta direção: o exemplo deve vir do topo – *Tone From the Top* ou *Tone at the Top*. É o CEO que comunicará os pilares do programa a todos os funcionários da empresa;

b) instância responsável pelo programa de integridade: o responsável pelo departamento de *compliance* deve ter a independência e a autonomia necessárias para conduzir os processos;

c) análise de perfil de riscos: contendo mecanismos de detecção de todos os riscos identificados, que será por meio de controles internos e externos e dos canais de acesso que possibilitarão as denúncias serem realizadas pelos públicos interno e externo;

d) estruturação das regras e instrumentos: definição de padrões éticos e de condutas que se espera dos colaboradores, fornecedores e demais *stakeholders*;

e) estratégias de monitoramento contínuo: compreendem a definição de indicadores, o planejamento com metas de desempenho, realização de treinamentos e ajustes contínuos.

No que tange ao *tone from the top* ou *tone at the top*, prefere-se o termo *conduct from the top*, significa que a conduta deve vir do topo e o conceito é o que mais coaduna com a *cultura de integridade*.

O programa de integridade precisa ser implementado considerando cinco pontos relevantes: *compromisso, prestação de contas, transparência, documentação e consistência*.

Os elementos do sistema de *compliance* consistem em três pontos, quais sejam:

a) prevenção;
b) detecção; e
c) remediação/reparação.

A *prevenção* reside em primeiro lugar no total comprometimento da alta liderança, também na elaboração de um código de conduta, na avaliação regular dos riscos do negócio, nos instrumentos de *due diligence*, na formulação de políticas e procedimentos, na adoção de comunicação e treinamentos regulares e nas ações coletivas.

A *detecção* consiste na implementação de um canal interno de denúncias, bem como no processo de apuração das denúncias, no monitoramento dos processos por meio de métricas de controles, na auditoria interna.

A *remediação/reparação* está relacionada à mitigação dos riscos por meio de aplicação das medidas disciplinares previstas no código de conduta, com os mecanismos de incentivos aos reportes de irregularidades. Engloba todos os instrumentos que visem a corrigir as falhas que porventura possam surgir no decorrer dos processos.

Sintetizando, o trabalho do especialista em *compliance* compreende, entre outros:

a) obter o total apoio da alta direção da empresa;
b) mapear os princípios e valores que regem a organização;
c) identificar os riscos inerentes ao negócio;
d) codificar normas internas da corporação e a elaboração de um código de conduta ética;
e) implantar um canal de denúncias independente;
f) alinhar a comunicação interna e a externa;
g) realizar gestão de controles interno e externo;
h) compor um comitê de riscos; e
i) discutir continuamente a previsão e a aplicação de possíveis penalidades.

1.2 Legislação anticorrupção no Brasil, EUA e Reino Unido

No decorrer deste estudo, foram levantadas as seguintes normas anticorrupção constantes no ordenamento jurídico brasileiro:

a) Lei nº 12.846/13 – Lei da Empresa Limpa. Trouxe em seu texto a previsão legal da responsabilização objetiva da pessoa jurídica por ilícitos praticados contra a administração pública,

nacional ou estrangeira e a responsabilização individual dos dirigentes que participaram do ato ilícito;
b) Decreto nº 8.420/15. Após dois anos da promulgação da Lei nº 12.846/13, este decreto regulamentou a Lei Anticorrupção brasileira. Destacam-se cinco pontos regulamentados pelo decreto: apuração da responsabilidade, cálculo da multa, programa de integridade, celebração de acordo de leniência e os cadastros da pessoa jurídica no CNEP e no CEIS;
c) Lei nº 7.753/17 – Lei Anticorrupção do Estado do Rio de Janeiro. Dispõe sobre a instituição do programa de integridade nas empresas que contratarem com o poder público estadual a fim de proteger a administração pública estadual dos atos lesivos que resultem em prejuízos financeiros causados por irregularidades, desvios éticos e de conduta e fraudes contratuais. O artigo 4º estabelece dezesseis parâmetros para a avaliação da efetividade dos programas de integridade;
d) Lei nº 6.112/18 – Anticorrupção do Distrito Federal. Impõe a implantação de um programa de integridade para as pessoas jurídicas, inclusive as micro e pequenas empresas que celebrem contrato com os órgãos do poder público do Distrito Federal, em todas as esferas. A regra vale para os contratos com valor igual ou maior que R$80.000,00 e prazo superior a 180 dias e abrange os contratos celebrados com dispensa do processo licitatório. Entre os critérios estabelecidos pela Lei, o programa de integridade deverá conter: código de ética e de conduta, comunicação e treinamentos periódicos, implantação de um canal de denúncias, previsão de medidas disciplinares, monitoramento de controles de riscos. O não cumprimento do programa pela empresa poderá incorrer em multas e rescisão contratual;
e) aplicação do FCPA (EUA) e do *UK Bribery Act* no Brasil. Apontam-se algumas hipóteses consideradas importantes pela pesquisadora no que tange à aplicabilidade do *Foreign Corrupt Practices Act* e do *UK Bribery Act* no Brasil. Estarão sujeitas ao FCPA:
- empresas brasileiras com negócios, subsidiárias ou listadas, na bolsa de valores norte-americana;
- empresas que prestarem serviços para uma empresa americana;

- empresas que efetuarem, diretamente ou por meio de intermediários, pagamento indevido em território americano ou que por lá transite.

O FCPA impõe o pagamento de multas elevadíssimas, dano reputacional e sanções administrativas, podendo também impor a prisão do agente infrator. Sobre a multa aplicada, ela não poderá ser paga pela empresa no caso de um indivíduo ser penalizado.

A aplicação do UK Bribery Act no Brasil ocorre por meio de:
- empresas do Reino Unido que fazem negócios no país;
- empresas brasileiras que têm operações no Reino Unido;
- funcionários públicos brasileiros que pratiquem atos de corrupção com o Reino Unido;
- empregados ou qualquer cidadão brasileiro em operação com empresa no Reino Unido.

O UKBA abrange tanto o setor público como o privado. As multas são ilimitadas e são aplicadas tanto para a pessoa jurídica como para os agentes que praticarem atos de corrupção, além de poder incorrer em prisão dos agentes infratores por até dez anos.

O *Serious Fraud Office* (SFO – agência responsável por investigar e processar crimes financeiros e de corrupção no Reino Unido) recomenda o *disclosure* (autodenúncia) como forma de evitar danos catastróficos à imagem da organização.

O *Department of Justice* (DOJ) também faz a mesma recomendação e beneficia quem se voluntaria a fazer a autodenúncia, quando, então, a empresa terá grandes chances de atenuar suas sanções.

f) Lei nº 12.529/11 – Lei de Defesa da Concorrência. Instituiu no Brasil a nova organização do Sistema Brasileiro de Defesa da Concorrência (SBDC), e o Conselho Administrativo de Defesa Econômica (CADE) constitui-se o órgão principal nessa esfera. Ainda de acordo com o guia de *compliance* do CADE, o ônus da comprovação de efetividade do programa será sempre da organização.

Cumpre salientar que é ônus exclusivo do investigado demonstrar que possui um programa de *compliance* robusto, sob o qual práticas anticompetitivas são claramente contrárias às políticas da organização e às orientações dos seus administradores (CADE, 2016, p. 42).

g) CGU – A Controladoria-Geral da União editou portaria que dispõe sobre a avaliação de Programas de Integridade.

Apenas por meio dessa avaliação a empresa poderá ser beneficiada com o desconto previsto no decreto, que reduz a multa, caso o programa de *compliance* se mostre efetivo. O ônus de demonstrar a efetividade do programa é integralmente da empresa.

1.3 Programa de *compliance* efetivo

Um programa efetivo de *compliance* gera aumento de riqueza, credibilidade, aumenta a atratividade aos negócios e garante maior comprometimento por parte dos empregados, fornecedores e demais *stakeholders*.

O que garantirá a efetividade do programa de *compliance* será a soma de esforços sistemáticos empregados com o intuito de prevenir, detectar e responder aos desvios de normas internas e externas de uma organização e de seus grupos de interesses. Ressalta-se que esses esforços precisam ser habituais e empregados de forma intuitiva e bem organizada, além de refletir a realidade da empresa. Além disso, importante estabelecer políticas de incentivo de denúncias e criar um canal específico para o recebimento delas contendo mecanismos de apuração de práticas irregulares (desvios de conduta, conflitos de interesses, práticas de suborno e corrupção) e comprovação de que elas são reais e relevantes para a organização.

Nessa linha, para fortalecer a confiabilidade dos canais de denúncias, é importante assegurar ao funcionário o sigilo nas apurações das denúncias e garantir que ele não estará sujeito a retaliações por parte da empresa ou mesmo dos denunciados, muitas vezes seus superiores hierárquicos. Sem observar esses fatores tal programa não terá sucesso, tampouco as pessoas serão encorajadas a apontar os problemas quando estes ocorrerem.

A previsão de sanções disciplinares é importante para que as regras possam ser cumpridas. Além disso, a aplicação de penalidades quando for comprovada a existência de um desvio ou não conformidade é ponto fundamental para o sucesso de um programa de *compliance*. As regras devem ser claras e estendidas a toda pirâmide organizacional.

Devem-se estabelecer parâmetros de *due diligence* no processo de aprovação de terceiros, adotando procedimentos que identifiquem o grau de *confiabilidade* e riscos presentes nas contratações com terceiros (parceiros, clientes, empregados e outros *stakeholders*).

A implantação de um sistema interno para recebimento de denúncias é imperativa. É por meio do *canal de denúncias* que a organização poderá apurar e gerenciar seus riscos atuais e futuros. Todavia, esse canal precisa ser independente e, preferencialmente, terceirizado, de modo que se possa garantir sua total independência e dar segurança aos reportantes.

Importante ressaltar que todos os envolvidos nas irregularidades devem ser penalizados, independentemente dos cargos e funções que exercem. Os membros da alta administração devem atuar de forma exemplar nas questões de integridade.

Giovanini (2014, p. 53) aduz que a expressão *tone from the top* ou *tone at the top* representa o apoio e engajamento da alta direção da organização desde o nível mais alto.

Como visto acima, preferimos a expressão *conduct from the top*, que atualmente melhor coaduna com o padrão de conduta exigido dos gestores das organizações. Portanto, de nada adiantará o líder dar o tom, se ele não realiza também em sua vida privada tais condutas. O mesmo raciocínio se aplica ao *board*, que deve estar totalmente alinhado com a cultura da organização. Caso contrário, a corrente será partida pelo elo mais fraco.

Assim, a implementação e a gestão do programa de *compliance* de forma séria, com uso de mecanismos inteligentes, atenderão a uma sociedade cada vez mais exigente com padrões éticos, direitos sociais e individuais, garantindo sentido e importância ao trabalho desenvolvido pelas empresas.

A implementação dependerá, portanto, do mapeamento dos valores da companhia, que requererá a elaboração do plano de ação bem estruturado com instrumentos formais, aliados às atitudes de intervenções comportamentais para a criação de uma cultura organizacional consciente dos valores éticos e morais que permeiam a organização.

Além de prever os principais *riscos* do negócio, é imprescindível que os administradores da empresa estejam convencidos da real importância do *compliance*. Ainda que os resultados iniciais se apresentem tímidos e pouco expressivos, será fundamental manter a consistência do programa, pois, quando se trata de mudança de cultura, a construção é lenta e gradativa.

A *comunicação* e o *treinamento* devem ser regulares e periódicos com vistas a manter todas as partes interessadas sempre cientes dos padrões de conduta da empresa. O que é esperado de cada profissional ou parceiro de negócio.

Os pilares acima serão abordados de forma mais detalhada nos próximos capítulos.

1.4 Custos da não conformidade

Como observado, "estar *compliant*" ou "ser *compliant*" significa dizer que todas as atividades da organização cumprem as normas e regulamentos internos ou externos impostos ao negócio, atendem à Responsabilidade Social da Empresa (RSE) e são voltadas para o fortalecimento da cultura ética corporativa.

Segundo Negrão e Pontelo (2014, p. 43), os resultados dos esforços demonstram o grau de adesão da organização às políticas, normas, regulamentos, diretrizes e procedimentos.

Dessa forma, caso a instituição possua um programa de *compliance* "de fachada", implementado apenas para cumprir formalidades e exigências legais ou até mesmo de seus clientes e fornecedores, a conta da não conformidade certamente chegará. O preço da não efetividade poderá ser inimaginável, podendo, inclusive, incorrer em gravosos danos à imagem da empresa e até comprometer sua perenidade.

A Lei nº 12.846/13, em seus artigos 1º e 2º, dispõe sobre a *responsabilidade objetiva* da pessoa jurídica:

> Art. 1º Esta Lei dispõe sobre a responsabilização objetiva administrativa e civil de pessoas jurídicas pela prática de atos contra a administração pública, nacional ou estrangeira.
>
> Parágrafo único. Aplica-se o disposto nesta Lei às sociedades empresárias e às sociedades simples, personificadas ou não, independentemente da forma de organização ou modelo societário adotado, bem como a quaisquer fundações, associações de entidades ou pessoas, ou sociedades estrangeiras, que tenham sede, filial ou representação no território brasileiro, constituídas de fato ou de direito, ainda que temporariamente.
>
> Art. 2º As pessoas jurídicas serão responsabilizadas objetivamente, nos âmbitos administrativo e civil, pelos atos lesivos previstos nesta Lei praticados em seu interesse ou benefício, exclusivo ou não.

Ainda, o artigo 3º da Lei Anticorrupção brasileira determina que a responsabilidade individual dos infratores se dará independentemente da responsabilização da pessoa jurídica:

> Art. 3º A responsabilização da pessoa jurídica não exclui a responsabilidade individual de seus dirigentes ou administradores ou de qualquer pessoa natural, autora, coautora ou partícipe do ato ilícito.
>
> §1º A pessoa jurídica será responsabilizada independentemente da responsabilização individual das pessoas naturais referidas no caput.

§2º Os dirigentes ou administradores somente serão responsabilizados por atos ilícitos na medida da sua culpabilidade.

Ademais, o artigo 4º da referida Lei impõe que a responsabilidade subsistirá em casos de processos de M&A, conforme:

Art. 4º Subsiste a responsabilidade da pessoa jurídica na hipótese de alteração contratual, transformação, incorporação, fusão ou cisão societária.

§1º Nas hipóteses de fusão e incorporação, a responsabilidade da sucessora será restrita à obrigação de pagamento de multa e reparação integral do dano causado, até o limite do patrimônio transferido, não lhe sendo aplicáveis as demais sanções previstas nesta Lei decorrentes de atos e fatos ocorridos antes da data da fusão ou incorporação, exceto no caso de simulação ou evidente intuito de fraude, devidamente comprovados.

§2º As sociedades controladoras, controladas, coligadas ou, no âmbito do respectivo contrato, as consorciadas serão solidariamente responsáveis pela prática dos atos previstos nesta Lei, restringindo-se tal responsabilidade à obrigação de pagamento de multa e reparação integral do dano causado.

Para fins de atenuação das penalidades o artigo 7º reza:

Art. 7º Serão levados em consideração na aplicação das sanções:
[...]
VIII – a existência de mecanismos e procedimentos internos de integridade, auditoria e incentivo à denúncia de irregularidades e a aplicação efetiva de códigos de ética e de conduta no âmbito da pessoa jurídica;

Decerto, não existem razões para que as pessoas jurídicas não cumpram as leis brasileiras anticorrupção. Ao violar uma lei anticorrupção, a pessoa jurídica arriscar-se-á na exposição às leis anticorrupção internacionais como o FCPA e o UKBA, mencionadas anteriormente.

Ademais, poderá resultar na abertura de investigações, processos criminais e imposição de penalidades com valores exorbitantes que podem significar a extinção da empresa.

Todavia, todas as organizações estão sujeitas ao ilícito. Caberá à direção a tarefa de prevenir, detectar e remediar os riscos inerentes ao negócio. Percebe-se que não há muita tolerância ao ilícito, tanto no Brasil como no âmbito internacional.

Algumas organizações passaram a adotar o conceito tolerância zero, como é o caso da Siemens, que, após sofrer com grandes escândalos de corrupção e ter sua reputação maculada, passou a adotar o conceito de zero tolerância. A BRF S.A. também inseriu no seu Manual da Transparência e em suas políticas esse conceito.

Observa-se a tendência de mercado global, no qual cada vez mais diversas organizações adotam em suas operações tal conceito, exatamente por perceberem que os riscos da não conformidade podem incorrer em fortes abalos à imagem reputacional da organização.

2 Ética empresarial

Precipuamente as empresas têm, por meio de suas atividades, relevante função social. Elas podem gerar riquezas, reduzir o nível de pobreza de um país, auxiliar no desenvolvimento econômico, criar oportunidades de empregos, gerar receita para o Estado, além de colocar produtos e serviços inovadores no mercado.

No entanto, no exercício de suas atividades, deve a empresa construir um ambiente laboral e negocial ético. Esses esforços devem ser bem estruturados e contínuos, para que sejam capazes de fazer frente ao mercado. Muitas empresas passaram a adotar práticas de gestão inovadoras para atender às exigências legais e melhorar as relações com seus grupos de interesses.

Em seu livro Ética *Empresarial na Prática*, Alexandre Di Miceli da Silveira (2018, p. 99 a 100) coloca o tempo como fator-chave para as mudanças graduais nos padrões éticos das organizações. O autor revela que as pressões impostas pelo mercado podem afetar a percepção de mundo e afetar o julgamento ético de três maneiras, a seguir:

> 1. O tempo como elemento de pressão que leva a decisões irrefletidas: a falta de tempo nos pressiona a decidir rapidamente, muitas vezes sem compreendermos plenamente as implicações éticas de nossas ações.
>
> 2. O tempo como elemento que solidifica as rotinas organizacionais: o tempo contribui para sedimentar certas práticas nas organizações que se tornam cada vez mais difíceis de mudar, principalmente no caso das empresas consideradas bem-sucedidas.
>
> 3. O tempo que leva a mudanças graduais e imperceptíveis: o tempo muda as pessoas e as organizações lenta e continuamente, criando um 'novo normal' que pode levar à corrupção e a outros comportamentos antiéticos.

Segundo o autor (2018, p. 101), outro aspecto importante a ser destacado é que quando há pressão excessiva do tempo nos âmbitos das organizações, com esgotamento físico e mental, a tomada de decisões poderá ser comprometida pela fadiga, incorrendo no aumento de comportamentos antiéticos.

Conforme observado, torna-se cada vez mais importante transformar as empresas em um ambiente eticamente consciente e saudável. Ao adotar medidas que evitem o que o autor denomina de *cegueira ética*, a empresa gerará aos seus colaboradores e aos demais *stakeholders* maior confiança em suas operações.

Conclusão

Indubitavelmente, os valores representam tudo o que é importante, individual ou coletivamente, em qualquer momento no tempo. Assim, o momento vivenciado pela humanidade é o de melhoria do ser ético, transparente, correto e justo.

Da mesma forma que a qualidade, 30 anos atrás, começou a ser encarada como diferencial competitivo e logo se transformou em demanda padrão para todas as organizações, a organização dirigida por valores tende a tornar-se padrão de mercado, sem o que não se sustentará. Nota-se que o *compliance* e a ética empresarial tendem a aumentar os níveis de confiança em uma organização junto aos empregados e demais *stakeholders*.

A transformação da cultura organizacional deve ser iniciada com a transformação pessoal dos líderes, pois são eles que darão o tom. Por mais ética e correta que uma organização possa parecer em um primeiro momento, sempre há espaço para melhorias e isso deve ser feito continuamente.

Para tanto, existe a necessidade de a condução da empresa ser feita por um dirigente que tenha essas melhorias como valor, além da imprescindibilidade de medições regulares, com correção de desvios que, por fim, irão desenvolver não apenas as crenças e valores, mas a cultura organizacional ética.

Como cultura ética corporativa entende-se o somatório de hábitos nos quais confiança, respeito e solidariedade são imperativos e estes representam o verdadeiro *mindset* da organização.

Por fim, os atos e omissões dos administradores determinarão o nível de comprometimento da empresa com a cultura ética e o engajamento dos empregados. Igualmente imprescindível o constante aprimoramento das ferramentas de *compliance*, que contribuirão de forma contínua com a elevação da qualidade da gestão empresarial.

Referências

BARRETT, Richard. *A Organização dirigida por valores:* liberando o potencial humano para a performance e a lucratividade. Rio de Janeiro: Elsevier, 2014.

BARRETT, Richard. *Criando uma organização dirigida por valores:* uma abordagem sistêmica para transformação cultural. São Paulo: Antakarana e ProLíbera, 2009.

BAUMAN, Zygmunt. *A ética é possível num mundo de consumidores?* Tradução de Alexandre Werneck. Rio de Janeiro: Zahar, 2011.

BLOK, Marcella. *Compliance e governança corporativa:* atualizado de acordo com a Lei Anticorrupção brasileira (Lei 12.846) e o Decreto-Lei 8.421/2015. 2. ed. Rio de Janeiro: Freitas Bastos, 2017.

BRASIL. Decreto nº 8.420/15, de 18 de março de 2015. Regulamenta a Lei nº 12.846/13 e dispõe sobre a responsabilização administrativa de pessoas jurídicas pela prática de atos contra a administração pública, nacional ou estrangeira e dá outras providências. *Diário Oficial [da] República Federativa do Brasil*, Brasília, DF, 18 mar. 2015. Disponível em: http://www.planalto.gov.br/ccivil_03/_Ato2015-2018/2015/Decreto/D8420.htm.

BRASIL. Lei nº 12.846, de 1º de agosto de 2013. Dispõe sobre a responsabilização administrativa e civil de pessoas jurídicas. *Diário Oficial [da] República Federativa do Brasil*, Brasília, DF, 1º ago. 2013. Disponível em: http://www2.camara.leg.br/legin/fed/lei/2013/lei-12846-1-agosto-2013-776664-publicacaooriginal-140647-pl.html. Acesso em: 20 jun. 2018.

CADE – CONSELHO ADMINISTRATIVO DE DEFESA ECONÔMICA. *Guia programas de compliance*: orientações sobre estruturação e benefícios da adoção dos programas de compliance concorrencial. 2016. Disponível em: http://www.cade.gov.br/acesso-a-informacao/publicacoes-institucionais/guias_do_Cade/guia-compliance-versao-oficial.pdf. Acesso em: 24 jan. 2019.

CGU – CONTROLADORIA-GERAL DA UNIÃO. *Programa de integridade*: diretrizes para empresas privadas. Brasília: 2015. Disponível em: http://www.cgu.gov.br/Publicacoes/etica-e-integridade/arquivos/programa-de-integridade- diretrizes-para-empresas-privadas.pdf. Acesso em: 24 jan. 2019.

GIOVANINI, Wagner. *Compliance:* A excelência na prática. São Paulo, 2014.

KHANNA, Tarun. *Confiança:* como criar as bases para o empreendedorismo nos países em desenvolvimento. Tradução Ibraíma Tavares. São Paulo: BEI Comunicação, 2018.

NEGRÃO, C. R. P. L; PONTELO, J. F. *Compliance, controles internos e riscos*: a importância da área de gestão de pessoas. Brasília: Senac, 2014.

SILVEIRA, Alexandre Di Miceli da. *Ética empresarial na prática*: soluções para gestão e governança no século XXI. Rio de Janeiro: Alta Books, 2018.

ZANINI, Marco Túlio F. *Confiança:* o principal ativo intangível de uma empresa. 2. ed. Rio de Janeiro: FGV, 2016.

Informação bibliográfica deste texto, conforme a NBR 6023:2018 da Associação Brasileira de Normas Técnicas (ABNT):

LOURENÇO, Luana. *Compliance* e a ética corporativa para a transformação. *In*: COLA, Cristiane Petrosemolo; LOURENÇO, Luana. *Compliance para pequenas e médias empresas:* aportes teóricos e práticos para gestores, docentes e discentes. Belo Horizonte: Fórum, 2021. p. 19-33. ISBN 978-65-5518-123-4.

CAPÍTULO 2

GOVERNANÇA, RISCOS E *COMPLIANCE*: RACIONAL INTEGRATIVO DE GESTÃO ESTRATÉGICA

VICTOR LUNETTA

Estudo de caso

Um exemplo sobre o sucesso da integração *Governança, Riscos e Compliance* (GRC), que, apesar de instintiva, não é inicialmente muito clara para empresas de menor porte, vem da empresa norte-americana Equinix.

Em depoimento público[1] à ACL – outra fornecedora desse tipo de solução –, Nilisha Agrawal, gestora responsável pela implementação do programa na empresa, afirmou que um trabalho permeado por tamanho nível de complexidade e volume de dados levaria semanas nos métodos tradicionais, ao passo que a total integração computacional reduziu a implementação a poucos dias.

Um dos elementos do processo de GRC é a geração integrada de relatórios, algo que na empresa de Agrawal tornava-se um obstáculo, com a necessidade de coordenar seis diferentes departamentos em torno do mesmo objetivo. Esta é, inclusive, a realidade de inúmeras multinacionais que enfrentam os desafios modernos da conformidade.

A gestora estressou a capacidade de correlação da ferramenta entre os dados de risco e de *compliance*, não apenas em nível superficial, mas extraindo conclusões estratégicas de métricas que, embora

---

[1] Com divulgação autorizada pela empresa Equinix.

conhecidas, antes não teriam como ser exploradas no nível analítico que o *software* possibilita.

Embora instrumental a tecnologia, o depoimento enfatiza a vantagem que o modelo GRC confere aos novos sistemas do mercado, e não o oposto. A capacidade estratégica de uma solução necessariamente passará pelos domínios que seus gestores – e, consequentemente, desenvolvedores na sequência – definirem como prioritários.

Isso significa que quanto melhor definida a matriz GRC que antecede a programação da ferramenta maior visibilidade e inteligência serão extraídos do *software*. Uma vez que o painel de controle dos essenciais dados objetivados seja definido e esteja sendo alimentado em tempo real por todas as áreas de interesse, permite-se um salto de produtividade na organização, com futuros ajustes não apenas mais precisos, como mais tempestivos.

Introdução

Contextualizando o *case* apresentado, temos que, segundo a OCEG,[2] o acrônimo GRC, originado nos termos Governança, Riscos e Conformidade, representa a coleção integrada de competências que capacita uma organização a atingir seus objetivos institucionais de maneira fiável, tratando incertezas da maneira adequada e tomando ações de maneira íntegra.

Uma forte conexão daqueles termos com sustentabilidade e propósito passou a ser proposta na década de 2000, entremeada pela ocorrência de grandes casos de fraude que abalaram a economia mundial, como Enron, Parmalat e Worldcom.[3]

Isso porque, embora conhecidas do meio corporativo há décadas, as tradicionais arquiteturas de Governança, Riscos e Conformidade, quando consideradas isoladamente, frequentemente fracassavam na missão de estabilizar uma empresa. Ao segregarem as atividades em silos incomunicáveis, definidos por limites departamentais estanques, a evidente interdependência entre si era desprezada, gerando lentidão e erro no processo decisório estratégico.

Nas últimas décadas, a reorganização integrada de tais elementos resultou em melhor planejamento – mitigando complexidade,

---

[2] *Open Compliance and Ethics Group – Think tank* global que trata da temática de GRC desde o ano de 2002, referência em certificações e pesquisas relacionadas.
[3] Onde apenas os exemplos citados representaram prejuízos da ordem de USD 90 bilhões.

removendo redundância e abrindo no sistema maior espaço para a participação de colaboradores e *stakeholders* das organizações. Além disso, obteve-se maior eficiência e melhor distribuição e comunicação do propósito organizacional aos envolvidos.

Na literatura empresarial, GRC passou a ser citado[4] como estrutura de sistemas apta a conduzir organizações para desempenho vinculado a princípios.

Sua notoriedade pode ser percebida em crescente adoção por parte de empresas, na formalização de padrões internacionais[5] e na legislação de países alinhados com a economia liberal, que regulam de maneira cada vez mais objetiva os componentes prescritivos do GRC: governança e conformidade.

1 Definições de GRC

A fim de vislumbrar a espontânea harmonia existente entre os elementos fundantes da GRC (Governança, Riscos e *Compliance*), cabe inicialmente compreendê-los individualmente.

1.1 Governança corporativa (GC)

É a sistematização por meio da qual empresas são conduzidas, não limitada ao nível estratégico – posto que afeta toda a organização –, considerando ainda relações mantidas com outros grupos. Enlaça regras que ultimamente constituirão padrões para o atendimento do propósito da entidade de forma harmoniosa com o contexto em que se insere.

Segundo o Instituto Brasileiro de Governança Corporativa (IBGC), os princípios básicos da GC são: transparência, equidade, *accountability*[6] e responsabilidade corporativa.

Historicamente, ganhou notoriedade em sua vertente privada e financeira,[7] através da crescente preocupação, nos EUA da década de 1970, com questões envolvendo empresas de capital aberto no grupamento de ativos, processos e interesses de um número cada vez maior de *stakeholders*.

---

[4] MITCHELL, 2004, 2007.
[5] Como, por exemplo, ISO 19600 e ISO/TC 309.
[6] Conhecida, no Brasil, como *prestação de contas*, embora sua acepção seja mais ampla, ligada à *responsabilização*.
[7] TEJERA, 2013.

Assim, visava-se a minimizar, por meio de normas e boas práticas, eventual atropelamento de interesses e descumprimento de deveres, considerada a distância cada vez maior entre executivos gestores dos negócios e seus efetivos proprietários acionistas.

Embora variáveis, tais práticas, em razão da riqueza de experiências e idiossincrasias que compõem as diversas origens e estilos de administração ao redor do mundo, possuem princípios nucleares normalmente partilhados, elencados no início do capítulo.

O propósito atual da GC encontra-se intimamente relacionado à complexidade do mundo contemporâneo, e, se no passado apenas grandes corporações privadas parametrizavam seus princípios fundamentais, hoje esse modelo abrange outros tipos de organização, como as públicas.

Ao lidar com a natural complexidade de organizações, múltiplos atores e fenômenos econômicos, políticos e sociais são considerados na composição de objetivos almejados.

A governança atualmente abrange conjunto mais numeroso e diverso de *players* do que no passado, sob influência da globalização e seus mutantes blocos econômicos, de um expandido poderio das multinacionais, e, finalmente, da crescente integração normativa doméstica e internacional – visando a conjugar todos os anteriores.

Importante ressaltar que a organização de processos e controles internos da operação empresarial, *per se*, não se confunde com GC, resumindo-se em simples gestão. Governança é a inteligência que amadurecerá a operação como um todo, preparando-a para atuar no complexo global de relações mantidas pela organização.

Não obstante, na medida em que a GC expandiu suas fronteiras, houve uma tendência no sentido de sua fusão com a gestão empresarial, contribuindo ainda mais para verdadeiro emaranhado de definições.

1.2 Riscos

Seguindo na base temática deste breve estudo, a análise de riscos não é apenas elemento constituinte, mas precursor de qualquer processo corporativo.

Historicamente,[8] foi nas décadas de 1950-1960 que surgiu, nos EUA e Europa, como serviço de assessoria das seguradoras na

---

[8] HOEFLICH, 2016.

quantificação do risco de ativos públicos e privados. Repensada e remodelada em variados setores e também na academia, foi extrapolada para outras organizações, visando ao incremento de inteligência de mercado e produtividade.

Isso porque é a partir do conhecimento efetivo dos riscos envolvidos e sua gestão que se pavimentarão barreiras, controles e mecanismos aptos ao atingimento dos propósitos de uma entidade.

Tal efetividade se baseia em projeções que consideram particularidades da empresa, como setor, especialidade, atores e legislação envolvidos, porém é possível ainda temperá-las com estudos de caso de mercado, que melhor embasem a inteligência resultante.

Relacionadas com técnicas de planejamento estratégico, diversos em quantidade e complexidade são os modelos ou ERMs – *enterprise risk management frameworks*[9] – disponíveis para a leitura e gestão de riscos corporativos. Dentre os conhecidos, citam-se COSO (*Committee of Sponsoring Organizations of the Treadway Commissioni*) e RIMS (*Risk Management Society*).

Tais *frameworks* permitirão abordagens o mais completas possível em torno dos riscos que se busca mitigar. Assim, sua gestão[10] será a disciplina por meio da qual uma organização identifica, controla, financia e realiza seu monitoramento de riscos, aumentando valor agregado de curto e longo prazo aos *stakeholders*.

Os riscos variam na medida em que há diferentes tipos de empresas, e, em cada uma onde se realizará um estudo, ajusta-se também o nível de mitigação e o grau de especialidade almejados.

Como hipótese, tome-se uma análise de riscos encomendada para empresa de pequeno porte que presta apenas um tipo de serviço, oriundo de processo intrínseco vinculado à empresa que seja sua única compradora; esta diferirá bastante em complexidade de análise realizada para multinacional de grande porte que fornece variadas linhas de produtos a uma multiplicidade de clientes e outras partes interessadas, dotadas de variável natureza societária.

Integrar o estudo do risco à capacidade GRC não apenas auxilia correspondência ao planejamento correto de uma organização, mas também a prepara para futuras validações, como auditorias, certificações e reposicionamento societário.

---

[9] Metodologias de gerenciamento de riscos corporativos, traduzido do inglês.
[10] Segundo definição da CAS (*Casualty Actuarial Society*), ou Sociedade Atuarial de Sinistros.

1.3 Compliance

Igualmente afeto a normas e controles, a conformidade, ou *compliance*,[11] é outra variável da equação, cumprindo o papel de aplicação efetiva do conhecimento adquirido com governança e riscos.

Congregando as definições elencadas por Coutinho (2018, p. 35 ss.), será *compliant* – caráter de quem segue o *compliance* – a empresa adequada aos conjuntos de normas, regras e requisições no aspecto público, atendendo à legalidade; o mesmo no aspecto privado, positivando mecanismos de concretização do propósito e objetivos da empresa em questão; e ainda institucionalmente conforme, sendo esta a concretização de tais elementos em objetivo guia comportamental da empresa, para cumprimento dos colaboradores.

Se risco inaugura o processo de identificação de eventuais vulnerabilidades a serem mitigadas e governança traz boas práticas de mercado para a preservação da entidade, *compliance* é o conjunto de processos que harmonizará as soluções previstas por ambos, assegurando seu cumprimento global.

Esse cumprimento, por sua vez, deve ser adequado – respeitando a totalidade das normas aplicáveis à empresa – e efetivo – materializando tais obrigações na rotina organizacional.

Cuidar de definições é, antes de mais nada, restringir. E embora tais definições sejam indispensáveis em um momento introdutório, sua integrada aplicação é o objetivo do conhecimento da GRC.

2 Implementação

No que tange à sua missão, o GRC deve auxiliar no atingimento do propósito institucional, ao passo que eliminando controles redundantes e evitando a desconsideração de políticas aplicáveis. Para que seja alcançada, a estratégia deve considerar a totalidade da empresa, mas priorizando áreas-chave de maior risco e destas partindo para eliminar brechas solucionáveis pela tecnologia.

Priorizar áreas específicas aparentemente deixaria de atender a um dos fundamentais preceitos, que é a integração completa. No entanto, observadas as recomendações de constante e efetivo acompanhamento estratégico, suporte da alta direção e monitoramento – premissas da própria GC –, uma segmentação em áreas-chave permite o acúmulo

---

[11] *Compliance* é a versão no idioma inglês, frequentemente utilizada também no Brasil.

de experiências importantes e a leitura de padrões que eventualmente poderão ser parcialmente replicados a outras áreas.

Usualmente, o foco prioritário está nos setores financeiro, TI e jurídico – que, não coincidentemente, são mais afetos aos domínios profissionais, respectivamente, da Governança, Risco e *Compliance*.

Entretanto, há múltiplas abordagens e numerosas possíveis implementações. Com pouca produção acadêmica tradicional em torno do tema, a OCEG ocasionalmente segmenta[12] o GRC não apenas na simplificada tríade, mas num outro grupo de 5 domínios fundamentais: governança e estratégia, gerenciamento de risco, auditoria interna, *compliance*, ética e cultura e, finalmente, TI e segurança da informação.

Entende-se, portanto, que cada vez mais o propósito global da organização, aliado às suas exigências contemporâneas conforme as leis, serão as diretrizes da integração GRC em questão.

Aprofundando-se na implementação do GRC, são definidas competências. Gartner as classifica em: controles e repositório de políticas, distribuição e resposta a políticas, controles de autoavaliação e métricas, repositório de ativos, atendimento a excepcionalidades, reporte e painel avançado de avaliação de risco e conformidade.

Tais competências, guardadas suas devidas proporções, serão replicáveis para outras áreas, embora seu racional esteja voltado ao principal ativo de todo processo: dados, representados pelo domínio de TI.

Em suma, a clássica implementação de um programa GRC com base tecnológica passa pelo levantamento e alimentação do sistema com documentação vinculada a riscos, componentes de controle interno vinculados a regulações e gerenciamento do ciclo de vida de auditorias.

Dessa maneira, uma vez possuindo essa nova e concentrada massa de dados –antes armazenada de forma isolada, ou mesmo inexistente –, um monitoramento contínuo pode ser finalmente implementado, com o advento de controles automatizados e atualizações customizáveis de dados. Tal abre caminho para a eliminação de antigos controles, dotando processos de maior eficiência, confiabilidade e segurança, dispensando excessiva interação humana em sua produção ou leitura antes do *output* final.

---

[12] Segundo *website* da OCEG. *Link* nas referências, ao final.

3 Inteligência, tecnologia, tendência e poder

Tendência no sentido da evolução do sistema de silos mencionado no início deste artigo para uma integração via GRC é cada vez maior a adesão existente, que por seu turno propicia incremento na oferta de produtos tecnológicos disponíveis no mercado, vendidos juntos ou mesmo separados da consultoria necessária para sua implementação.

Acompanhando a migração natural das últimas décadas da quase totalidade dos sistemas de controle organizacional manuais ou analógicos para as inevitáveis automação e digitalização, a tecnologia da informação cresceu exponencialmente, tanto no meio privado quanto no público.

Empresas de variados portes, de *startups* a gigantes como as estrangeiras SAP, MetricStream e a brasileira Módulo, oferecem soluções que se propõem a sinergizar o valor das atualizadas práticas de mercado com seu poder computacional.

Outro *player* internacional, a IBM, possui produto de prateleira que combina *Openpage GRC* com *Watson Analytics*, mesclando bancos de dados e inteligência artificial alimentados por relatórios empresariais. Assim, passa a integrar, com benefícios antes ocultos, elementos das três vertentes – governança, riscos e *compliance* – em uma única plataforma inteligente.

Suas entregas de gráficos e projeções permitem que gestores – com frequência não totalmente familiarizados com os conceitos por detrás do GRC – possam, não obstante, desfrutar dos diagnósticos gerados, auxiliando numa correspondência superior e mais amigável dos objetivos organizacionais almejados.

E tal é, cada vez mais, a tendência para o futuro das corporações e do nicho integrado de GRC: um painel de controles multidisciplinar, cujo *backoffice* burocrático é problematizado no ato de sua implementação, apenas ocasionalmente recalibrado por seres humanos.

O fator humano, embora parte fundamental da equação, influirá de maneira mais assertiva, tanto nas tomadas de decisão – o nível estratégico – quanto na operacionalização de medidas previamente imputadas no sistema – o atendimento integrado por todos os colaboradores – tal como no estudo de caso do início do artigo.

Estudo realizado pela consultoria belga Forfirm indicou os maiores benefícios gerados por essa implementação como sendo: monitoramento contínuo, segregação de tarefas e visões restritas por cargo e facilidade de acesso.

Segundo a consultoria Gartner, áreas eminentemente estratégicas aproveitarão ainda mais no futuro da expansão tecnológica originada na atual revolução industrial. Afirma-se que ferramentas da chamada terceira geração, ligadas ao incremento de *performance*, ainda são incompletas e subutilizadas; as da quarta – capazes de verdadeira cognição artificial e antecipação de decisões – embora em desenvolvimento, não estão operacionais; e que no futuro ocorrerá uma ainda maior integração dos elementos *big data*, *social data* e *data analytics*.

Cabe observar que, enquanto metodologia que perpassa todos os setores de uma organização, o GRC não deverá considerar a área de TI como fração ordinária nem mesmo na hipótese de uma integração focada em áreas-chave, justapondo-a aos setores financeiro e jurídico; no século XXI, sua vertente estratégica é fundamental, justamente por ser concentradora de informação e monitoramento de todos, além de veículo das mudanças a serem implementadas.

Fica claro, portanto, o desafio que neste mercado significará – cada vez mais – a questão da segurança eletrônica. No que tange a ameaças diretas a empresas, um deles é o crime cibernético, que de 3 trilhões de dólares em 2015 está previsto[13] a dobrar sua marca de prejuízos anuais no mundo até 2021.

Segundo relatório[14] da empresa de pesquisas em segurança da informação *Cybersecurity Ventures*, o mercado de soluções em GRC deverá atingir a marca de 38 bilhões de dólares até 2021.

Não é difícil compreender o grande volume de investimentos no setor, em meio às consideráveis mudanças regulatórias em atividade ao redor do planeta e o incremento dos riscos aos quais organizações estão expostas.

Sobre regulação, nos EUA, o governo lida com governança de forma estruturada e legislações atuantes há pelo menos 40 anos. Na Europa, regulações despontaram também há anos, com a mais recente experiência sendo a GDPR em 2018.

No Brasil, o mesmo ocorre com a LGPD, vigente a partir de 2020 e que, conectada a recentes medidas anticorrupção, também aprofunda o processo de recrudescimento legalista que apenas acelera a adoção de suportes integrativos para tais normas.

Tais tendências, aliadas ao total de dados, demandas e complexidade decisória das organizações, apenas ganham *momentum*,

---

[13] Segundo a publicação anual de 2019 da *Cybercrime*. *Link* nas referências, ao final.
[14] Segundo relatório disponível no *website* da publicação. *Link* nas referências, ao final.

sacramentando que soluções tecnológicas para o atendimento de um GRC verdadeiramente eficaz deixam de ser recomendáveis, passando a ser real necessidade.

4 Aplicabilidade às pequenas e médias empresas

Compreensível é a indagação sobre até que ponto uma organização de menor porte necessitaria de políticas da governança, ferramentas analíticas de risco e estruturas de conformidade, que, de forma integrada, trariam peso e complexidade ao negócio.

De forma a responder, considerando o tema em sua integralidade, desconsidere-se, *a priori*, a eficiência obtida com o aperfeiçoamento de processos internos de uma corporação – que se tornam mais coesos e proativos na harmonização de interesses; abandone-se, ainda, o caso de consortes públicas, que igualmente necessitam acompanhar evoluções tecnológicas que lhes permitam assegurar, junto a seus contribuintes, melhor arrecadação e monitorização.

Ignoremos por ora, portanto, o fator da competitividade, atendo-nos especificamente à realidade das micro e pequenas empresas, nas quais o leigo líder intui desnecessidade em substituir suas planilhas avulsas por qualquer mecanismo mais robusto de controle.

Ao tratarmos das estatísticas em torno do novo empresariado, onde empresas de pequeno porte – sejam elas *startups*[15] ou modelos convencionais – apresentam elevadas taxas de fracasso nos primeiros meses e anos, cumpre identificarmos quais são as suas mais prevalentes causas.

No Brasil, o SEBRAE identificou, por meio de estudo próprio[16] realizado no ano de 2014, que os fatores com maior influência no sucesso de uma empresa eram: planejamento prévio, gestão empresarial e comportamento empreendedor.

No item planejamento, ações simples como levantamento de informações sobre os segmentos envolvidos, preparo de itens básicos

---

[15] Conforme definição do ecossistema de empreendedorismo StartSE, uma startup é *uma empresa jovem com um modelo de negócios repetível e escalável, em um cenário de incertezas e soluções a serem desenvolvidas*. Embora não se limite apenas a negócios digitais, a mesma necessita de inovação para não ser considerada uma empresa de modelo tradicional.

[16] "*Causa Mortis* – o sucesso e o fracasso das empresas nos 5 primeiros anos de vida", compilado sobre busca, ao longo de quatro anos, de 2.800 empresas com registro de abertura na Junta Comercial do Estado de São Paulo.

e maior tempo para estimativas de mercado foram responsáveis pela permanência de novos entrantes em atividade.

No quesito gestão empresarial, o constante aperfeiçoamento de processos, produtos e capacitação foi a ação mais citada, seguida por experiência anterior no segmento e estratégia de diferenciação.

Finalmente, no que tange ao comportamento empreendedor, logrou-se o conhecimento de que se antecipar aos fatos de mercado, desenhar um plano de ação e aprimorar o contato com outros *players* seriam os fatores decisivos.

Interessante notar que os elementos levantados na pesquisa evocam justamente as disciplinas de GRC, todas em maior ou menor escala conectadas àqueles: planejamento, que possui conexão com risco; gestão, que remete a uma combinação de GC, risco e *compliance*; e comportamento, que em última análise permeia tanto os *stakeholders* relacionados pela GC, quanto os colaboradores, orientados pelo *compliance*.

Enlaçar todos esses elementos em contexto ou plataforma única, orientados pelo racional GRC, envolve a compreensão das empresas sobre seu propósito, ativos, ambiente e responsabilidade negocial; trata-se da essência de um empreendimento.

Conclusão

Embora possam algumas lideranças ignorar disciplinas de controle – principalmente nas organizações de menor porte –, toda entidade é invariavelmente confrontada com desafios de ordem estratégica. Isso significa que, a cada decisão tomada, uma empresa atende – ainda que inconscientemente – a necessárias questões de GRC.

Uma vez adotada uma integração dos controles, não importando seu modelo ou suporte – embora seja a TI o caminho mais natural –, uma atuação ética, sustentável e produtiva se transformará mais facilmente em realidade, constante e em tempo real.

Adquirir consciência disso e aplicar tal integração trará celeridade, eficiência e substancial aperfeiçoamento da capacidade de controle das organizações, positivamente impactando não apenas a si, mas ao ecossistema empresário e à própria sociedade em que se insere, no quesito da integridade.

Referências

ACL WEBSITE. Disponível em: https://www.acl.com/project/case-study-with-equinix-managing-compliance/. Acesso em: 15 fev. 2019.

BICUDO, Lucas. *Afinal, o que é uma Startup?*. Disponível em: https://www.startse.com/noticia/startups/18963/afinal-o-que-e-uma-startup. Acesso em: 5 fev. 2019.

CASUALTY ACTUARIAL SOCIETY WEBSITE. Disponível em: www.casact.org. Acesso em: 16 fev. 2019.

CISION Website. *Equinix selects ACL GRC and ACL Analytics to Drive Operational Risk Management*: leading data center and interconnection provider adopts data-driven approach to ensure operational risk management and compliance. Disponível em: https://www.prnewswire.com/news-releases/equinix-selects-acl-grc-and-acl-analytics-to-drive-operational-risk-management-300140408.html. Acesso em: 15 fev. 2019.

COUTINHO, Leandro. *Compliance Anticorrupção*: A Lei das Estatais e a Defesa do Estado Democrático de Direito. Rio de Janeiro: Lumen Juris, 2018.

CYBERSECURITY VENTURES. *Cybercrime Damages $6 trillion by 2021*. Disponível em: https://cyber security ventures.com/cybercrime-damages-6-trillion-by-2021/. Acesso em: 5 fev. 2019.

CYBERSECURITY VENTURES. *Governance, Risk & Compliance (GRC) Report 2017*: a special report from the editors at cybersecurity ventures. Disponível em: https://cybersecurityventures.com/governance-risk-and-compliance-grc-report-2017/. Acesso em: 5 fev. 2019.

FORFIRM. *How to Stay in Control in a Rapid Changing World?* Disponível em: https://www.forfirm.com/how-to-stay-in-control-in-a-rapidly-changing-world/. Acesso em: 15 mar. 2019.

GARTNER WEBSITE. *Gartner webinars*: How Social, Big Data and Risk Analytics are Changing GRC. Disponível em: https://www.gartner.com/webinar/2665517. Acesso em: 5 fev. 2019.

HOEFLICH, Sergio et al. *O gerenciamento de riscos aplicado às organizações*: integrando os silos do GRC – 29 e 30/9/2016.

IBM. Disponível em https://www.ibm.com/analytics/br/pt/business/governance-risk-compliance/index.html. Acesso em: 17 fev. 2019.

MITCHELL, Scott L. GRC 360: A framework to help organisations drive principled performance. *International Journal of Disclosure and Governance*. Palgrave Macmillan UK, United Kingdom, ago. 2007.

MITCHELL, Scott L. *GRC Capability Model*. OCEG (2004-01-01). Disponível em: https://go.oceg.org/grc-capability-model-red-book. Acesso em: 15 fev. 2019.

OCEG. Disponível em: https://www.oceg.org. Acesso em: 14 fev. 2019.

OCEG. *Governance, Risk and Compliance (GRC)*: The Pathway to Principled Performance. Disponível em: https://www.oceg.org/about/what-is-grc/. Acesso em: 17 fev. 2019.

TEJERA, Borja G. *The History and Development Of Corporate Governance Finance Essay.* UKEssays, United Kingdom, nov. 2013.

Informação bibliográfica deste texto, conforme a NBR 6023:2018 da Associação Brasileira de Normas Técnicas (ABNT):

LUNETTA, Victor. Governança, riscos e *compliance*: racional integrativo de gestão estratégica. *In*: COLA, Cristiane Petrosemolo; LOURENÇO, Luana. *Compliance para pequenas e médias empresas:* aportes teóricos e práticos para gestores, docentes e discentes. Belo Horizonte: Fórum, 2021. p. 35-47. ISBN 978-65-5518-123-4.

CAPÍTULO 3

PILARES DE UM PROGRAMA DE *COMPLIANCE*

CRISTIANE PETROSEMOLO COLA

Estudo de caso

A Lleva S.A. pagará uma multa de R$900 milhões para encerrar um caso em que estava sendo investigada pelas justiças do Brasil e dos Estados Unidos. As autoridades concluíram que a empresa pagou propina para agentes públicos em negociações feitas no México, Panamá, Canadá e Rússia. Além da punição financeira, a Lleva terá que adotar normas de *compliance* (medidas anticorrupção) e será fiscalizada por 3 monitores externos.

O acordo foi assinado entre a Lleva, o Ministério Público Federal (MPF) do Paraná, a Comissão de Valores Mobiliários (CVM) e o Departamento de Justiça dos Estados Unidos Americanos (DOJ). O MPF investigava a Companhia desde 2015 pela venda de navios para a marinha mexicana e pagamento de suborno para um almirante, obtido em troca vantagens comerciais para fechar a negociação.

Introdução

Apesar de a função de *compliance*[1] estar implementada em algumas organizações bem antes da aprovação da lei anticorrupção brasileira, Lei nº 12.846/13, somente a partir deste momento que os executivos perceberam o grande valor que um programa de *compliance* tem nas organizações e o impacto que gera no mercado e nos seus parceiros comerciais.

Quando um profissional decide trabalhar na função de *compliance*, é importante ter ciência de que será desafiador implantar um programa eficaz, alcançando toda a organização, e desenvolver uma cultura que compreenda a relevância do *compliance*. A partir daí, será essencial participar de alguns grupos de estudo e *benchmarking*, ter acesso a diversas fontes de estudo, tais como o *Society of Corporate Compliance and Ethics*, contratar consultorias, etc. como apoio para o desenvolvimento de um programa de *compliance*.

Agir em *compliance* significa conhecer e obedecer a leis, normas da organização, políticas e procedimentos recomendados, além de evitar, detectar e tratar qualquer desvio ou não conformidade que possa ocorrer na companhia. Indo além, é compreender o quanto são fundamentais a ética e a idoneidade em todas as atitudes dos funcionários, terceiros, estagiários, representantes e parceiros de uma organização.

Cada organização, de acordo com seu tamanho e atividade-fim, deve avaliar a melhor forma do seu programa de *compliance*. Podemos considerar 7 pilares como elementos básicos de um programa de *compliance* (TROKLUS; VACCA, 2013, p. 5), conforme ilustrado na Figura 1 a seguir:

---

[1] O termo *compliance* tem origem no verbo em inglês *to comply*, que significa agir de acordo com uma regra, uma instrução interna, um comando ou um pedido.

FIGURA 1 – Sete elementos básicos para um programa de *compliance*
Fonte: *How to Build and Maintain an Effective Compliance and Ethics Program.*

Antes de iniciar o desenvolvimento do programa de *compliance*, é essencial que a organização tenha o apoio e comprometimento da alta direção (ou sócios), estabeleça orçamento e recursos que serão alocados para este projeto, faça a avaliação de riscos de *compliance* do seu negócio e estabeleça a missão e os objetivos do programa.

O que é risco de *compliance*? A Figura 2 a seguir resumirá este conceito:

*"É o risco de **sanções, perdas financeiras ou danos à reputação e imagem** que uma Organização pode sofrer como resultado de falhas no cumprimento da aplicação de leis, regulamentações, normas e procedimentos, código de ética e conduta e das boas práticas impostas pelos órgãos reguladores aplicáveis ao negócio."*

FIGURA 2 – Risco de *compliance*
Fonte: Federal Reserve Board Governor Mrak Olson's June 12, 2006.

Alguns exemplos de risco de *compliance* são:

1- Qualidade e *compliance* do produto ou serviço	Risco de segurança e ocorrências de não *compliance* relacionadas aos principais produtos ou serviços da organização considerando leis de proteção do consumidor ou de propaganda. Ex.: *recall* de produtos, recolhimento de alimentos contaminados, interrupção de prestação de serviços, entre outros.
2- Anticorrupção	Risco de ocorrências de corrupção e suborno. Ex.: pagamento de vantagem indevida a agente público, superfaturamento de serviços.
3- Ambiental	Risco de problemas ambientais provenientes da produção; relacionados a poluição do ar, terra ou água, ou relacionados a destinação indevida de resíduos. Ex.: vazamento de resíduos perigosos, rompimento de barragens, emissão de CO^2 acima do permitido.
4- Trabalho e emprego	Riscos relacionados a problemas de relações trabalhistas ou saúde e segurança do trabalho. Ex.: conflito de interesses com sindicatos, não cumprimento de leis e regulamentos trabalhistas, assédio moral e sexual.

5- Segurança cibernética e privacidade	Risco de acidentes com segurança de dados e provenientes de acidentes cibernéticos. Ex.: ataques cibernéticos, vazamento de informações confidenciais por funcionários, gestão indevida de dados sensíveis.
6- Concorrência desleal	Risco de antitruste. Ex.: preços predatórios, cartel, venda casada.
7- Tributário	Risco de reporte indevido de tributos Ex.: sonegação fiscal, obtenção de benefícios indevidos.
8- Controle de importação/ exportação e aduanas	Risco de transporte inadequado de produto entre países ou transferência indevida de conhecimento. Ex.: declaração de conhecimento de embarque com dados falsos, transporte ilegal de mercadoria não declarada ou proibida.
9- *Compliance* financeiro	Risco de reportar incorretamente os dados financeiros. Ex.: falsificação de balanço patrimonial, não declaração de bens ou ativos, fraude contábil.
10- Distribuidores ou fornecedores	Risco de tratamento desleal e de falta de comunicação relativa aos padrões de operação da organização Ex.: não cumprimento do código de conduta, favorecimento de distribuidores ou fornecedores com informação privilegiada, conflito de interesses de funcionário com fornecedor.

1 Como realizar uma avaliação de riscos de *compliance*

Esta avaliação consiste no mapeamento dos processos e transações que envolvem riscos de *compliance*, definindo controles e adequando a rotina da empresa às suas políticas e leis aplicáveis.

Para alcançar um programa de *compliance* efetivo, é necessário levar em consideração o mercado em que a empresa atua, suas principais atividades e partes relacionadas. A classificação de risco deve considerar ao menos duas variáveis: impacto e probabilidade de ocorrência, que consequentemente determinará se o risco é baixo, médio ou alto. O resultado desta avaliação norteará a organização para priorizar e definir as ações do programa de *compliance*.

Para realizar a avaliação de riscos, inicialmente podem-se considerar as seguintes escalas de impacto e probabilidade:

a) **Impacto**:
- **Baixo**: impacto insignificante ou mínimo nos objetivos.
- **Médio**: impacto mediano nos objetivos, com possiblidade de recuperação.
- **Alto**: impacto significante nos objetivos e sem possibilidade (ou remota) de recuperação.

b) **Probabilidade**:
- **Baixa**: evento casual e inesperado, sem histórico de ocorrência.
- **Média**: evento esperado e com histórico de ocorrência parcialmente conhecido.
- **Alta**: evento usual ou constante, com histórico de ocorrência amplamente conhecido.

Um dos métodos utilizados para verificar os principais riscos de *compliance* é por meio de entrevistas com a alta administração e gestores da empresa, principalmente os que estão há mais tempo trabalhando na organização. Outra fonte relevante são os relatórios das auditorias internas ou externas.

Vejamos o seguinte gráfico como exemplo visual da classificação de riscos, segundo o impacto e a probabilidade:

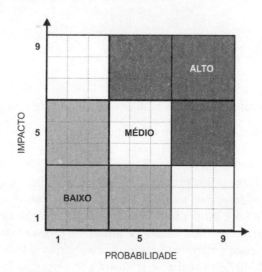

GRÁFICO 1 – Classificação de riscos de *compliance*
Fonte: autora.

2 Sete elementos do programa de *compliance*

2.1 Escrever padrões de conduta, políticas e procedimentos

Com base no mapa de riscos do negócio, a organização criará regras internas e controles que reduzem a possibilidade de ocorrência de cada risco de *compliance*, iniciando pelos classificados como alto. Essas regras são descritas por meio de políticas e procedimentos, que ajudam a parametrizar a atuação dos funcionários e a aumentar a estabilidade do negócio.

O principal documento que norteia o programa de *compliance* é o código de conduta ou de ética. Os princípios que norteiam uma organização precisam estar muito claros e acessíveis. Um código de conduta deve ser o pilar de sustentação dos negócios da empresa e deve ser estudado e entendido por todos os seus colaboradores, independentemente da localidade e sua função na empresa; afinal, a reputação de uma organização é construída diariamente por todos.

2.2 Designar um *compliance officer* e outros representantes apropriados

A função de *compliance* deve ter a *independência* e a *autonomia* necessárias para conduzir os processos e deve ser responsável por dar ampla divulgação sobre as regras de *compliance* e por incentivar os funcionários a procurar orientação sempre que tenham dúvidas ou se depararem com questões que julguem não serem aceitáveis na empresa. Podemos considerar os seguintes exemplos de papéis e responsabilidades do *compliance officer*:

a) criar uma cultura de *compliance*, de empresa cidadã, com comunicação e treinamento para todos os empregados;
b) desenvolver o *programa regional de compliance* com apoio das áreas de gestão operacional e administrativa;
c) prevenir e detectar riscos regulatórios e de *compliance* e desenhar planos de monitoramento e mitigação para eles; e
d) conduzir ou direcionar a investigação de qualquer violação comunicada e com parceria com outros departamentos, sempre que possível e necessário, devendo sempre assegurar a confidencialidade e adequada tomada de decisão.

2.3 Programa de educação e treinamento efetivo

Consideramos o programa de treinamento e educação continuada um dos pilares mais relevantes e desafiadores do programa de *compliance*.

É necessário compartilhar e capacitar todos os colaboradores, seja por meio de treinamentos presenciais ou a distância. Algumas premissas que podem ser consideradas para um programa de educação efetivo são:
   a) plano anual de treinamento (educação continuada) estabelecido ao público interno, incluindo novos funcionários;
   b) treinamentos adequados quanto ao seu conteúdo, frequência, carga horária mínima, elegibilidade e forma ou esfera (obrigatório, conscientização, capacitação, reciclagem e pontual);
   c) monitoramento dos treinamentos realizados ou não, permitindo ações tempestivas e corretivas;
   d) certificado de conclusão dos treinamentos formalizados com execução de provas;
   e) disponibilização dos treinamentos em ferramenta *web* e/ou *totens* em unidades; e
   f) operacionais que permitam a conscientização permanente.

Outra forma muito eficaz de criar uma cultura de *compliance* é a realização de campanhas de comunicação ou eventos relacionados à ética e boa conduta, sempre utilizando uma linguagem simples, com exemplos reais de casos de não *compliance* e que aproximem os colaboradores do *compliance*.

2.4 Auditoria e técnicas de avaliação para monitorar o programa de *compliance*

Quando as regras entram em vigor na organização, devem passar a ser verificadas e monitoradas pelo setor de *compliance*. No entanto, é necessário criar mecanismos estabelecidos para o monitoramento, teste e reporte dos riscos de *compliance*, incluindo:
   a) elaboração e aplicação do programa de *compliance*;
   b) definição e aplicação dos indicadores de desempenho (*KPIs*);
   c) emissão de relatórios dos planos de ação implementados e em andamento;
   d) monitoramento, testes e reporte realizados de forma proativa e preventiva; e

e) planos e programas de testes adequadamente executados, formalizados, documentados por meio de papéis de trabalho padronizados, incluindo os planos de ação detalhados, análise de custo benefício, repositório da documentação, definição dos critérios de classificação das avaliações e reporte adequado.

O monitoramento deve ser feito com testes independentes e periódicos, para averiguar a aderência e eficácia às obrigações impostas pelas regulamentações nos controles implementados (sob responsabilidade do *compliance*), que garantam a efetividade e o desempenho do programa de conformidade e dos riscos identificados.

2.5 Estabelecer processos de reporte e procedimentos para denúncias

De acordo com a Lei nº 12.846/13 – Lei Anticorrupção, serão levados em consideração na aplicação das sanções:

> Art. 7º, VIII – a existência de mecanismos e procedimentos internos de integridade, auditoria e incentivo à denúncia de irregularidades e a aplicação efetiva de códigos de ética e de conduta no âmbito da pessoa jurídica;

Também de acordo com o Decreto nº 8.420/15, que regulamentou a referida lei, o programa de integridade (programa de *compliance*) será avaliado, quanto a sua existência e aplicação, de acordo com os seguintes parâmetros:

> Art. 42, X – canais de denúncia de irregularidades, abertos e amplamente divulgados a funcionários e terceiros, e de mecanismos destinados à proteção de denunciantes de boa-fé;

Conforme recomendações, o programa de *compliance* deve incentivar os públicos interno e externo a reportar suas preocupações, dúvidas e eventos suspeitos ou irregulares aos princípios éticos.

As empresas devem prover mecanismos seguros e acessíveis que permitam a comunicação de forma confidencial e sem riscos de retaliação. Todas as denúncias devem ser investigadas e reportadas ao nível apropriado e independentemente da posição que os envolvidos ocupem.

O canal de denúncias é uma alternativa que deve estar disponível a todos os funcionários e demais parceiros de negócios, como clientes, fornecedores e concessionários, seja para relatar, seja para acompanhar o andamento da sua dúvida ou denúncia.

É importante destacar que todos, mesmo os que optarem por se identificar no momento da denúncia, serão protegidos contra retaliações e terão sua identidade preservada.

Para garantir a segurança e o total sigilo das informações e dos dados pessoais, a gestão do canal de denúncias pode ser terceirizada e de responsabilidade de uma empresa independente.

2.6 Mecanismos de punição apropriados

Toda organização deve divulgar as diretrizes de conduta para os colaboradores, bem como definir as medidas disciplinares cabíveis em caso de descumprimento de norma interna ou da legislação aplicável.

Uma política de consequências e medidas disciplinares para infrações do código de conduta deve conter aplicação de responsabilidades, métricas de avaliação de acordo com as infrações, consequências e aplicação das medidas disciplinares.

As infrações podem ser classificadas, segundo sua gravidade, em leves, médias e graves e devem ser avaliadas em conjunto com o departamento de recursos humanos e/ou jurídico, a saber:

Leves	Infrações meramente administrativas ou internas com pouco ou nenhum impacto.
Médias	Infrações administrativas com potencial de gerar impacto limitado.
Graves	Infrações legais ou aos princípios éticos e de conduta capazes de gerar impacto relevante.

Fonte: autora (2019).

As medidas disciplinares devem ser aplicadas observando os seguintes critérios:
    a) a gravidade da conduta;
    b) o impacto e as consequências da infração;
    c) as responsabilidades e as atribuições de quem cometeu a infração;

d) as circunstâncias agravantes e atenuantes em que a infração ocorreu;
e) a reincidência ou continuidade na prática de infrações; e
f) a associação de duas ou mais pessoas para a prática da infração.

2.7 Investigação e remediação de problemas sistêmicos

As denúncias recebidas através do canal apropriado devem ser administradas pelo departamento de *compliance*, realizando uma análise inicial de gravidade do risco, tipo de caso, local de ocorrência, potenciais envolvidos e definindo os responsáveis pelo caso, de acordo com o tema reportado.

Existem diversos mecanismos de detecção e combate à corrupção ou fraude. Alguns exemplos são:

FIGURA 3 – Como combater a fraude – algumas recomendações
Fonte: Perfil global do fraudador, KPMG International, 2016.

Conclusão

Seguindo essas premissas, é viável iniciar o planejamento do seu programa de *compliance*, sempre revisando com os executivos o *status* das ações e implantando melhorias contínuas a cada ciclo.

Como o escopo é relativamente extenso e complexo, é recomendado iniciar menos ações, porém considerando o impacto que terão na organização.

Em uma organização, todos os colaboradores e parceiros de negócio são responsáveis pelo *compliance*, e é preciso ter cuidado para a função não se posicionar indevidamente ou ser usada como uma muleta para aprovar exceções ou decisões que possam trazer riscos para a organização.

Uma das chaves de sucesso do programa de *compliance* é a parceria e sinergia que os profissionais desta área têm com o negócio, não sendo considerados burocráticos ou vetando todas as tomadas de decisão.

O *compliance* agrega valor ao negócio, sempre orientando qual é a melhor forma de tratamento de riscos da organização.

Referências

BIEGELMAN, Martin T. *Building A World-Class Compliance Program:* Best Practice and Strategies for Success. Wiley, 2008.

BRASIL. Decreto nº 8.420/15, de 18 de março de 2015. Regulamenta a Lei nº 12.846/13 e dispõe sobre a responsabilização administrativa de pessoas jurídicas pela prática de atos contra a administração pública, nacional ou estrangeira e dá outras providências. *Diário Oficial da República Federativa do Brasil*, Brasília, DF, 18 mar.2015. Disponível em: http://www.planalto.gov.br/ccivil_03/_Ato2015-2018/2015/Decreto/D8420.htm.

BRASIL. Lei nº 12.846/13, de 1º de agosto de 2013. Dispõe sobre a responsabilização administrativa e civil das pessoas jurídicas. *Diário Oficial da República Federativa do Brasil*, Brasília, DF, 1º ago. 2013. Disponível em: https://www2.camara.leg.br/legin/fed/lei/2013/lei-12846-1-agosto-2013-776664-publicacaooriginal-140647-pl.html.

KPMG Internacional. *Pesquisa Perfil global do fraudador*. 2018.

OECD. *Good Practice Guidance on Internal Controls, Ethics and Compliance*. Disponível em: https://www.oecd.org/daf/anti-bribery/44884389.pdf.

TROKLUS, Debbie; VACCA, Sheryl. *How to Build and Maintain an Effective Compliance and Ethics Program*. Society of Corporate Compliance and Ethics Compliance 101, Second Edition, 2018.

Informação bibliográfica deste texto, conforme a NBR 6023:2018 da Associação Brasileira de Normas Técnicas (ABNT):

COLA, Cristiane Petrosemolo. Pilares de um programa de *compliance*. In: COLA, Cristiane Petrosemolo; LOURENÇO, Luana. *Compliance para pequenas e médias empresas:* aportes teóricos e práticos para gestores, docentes e discentes. Belo Horizonte: Fórum, 2021. p. 49-61. ISBN 978-65-5518-123-4.

CAPÍTULO 4

GERENCIAMENTO DE RISCOS E CONTROLES DE INTEGRIDADE

BERNARDO LEMOS

Estudo de caso

Multinacional brasileira, após ser envolvida no âmbito da Operação Lava-Jato, implementou um programa de prevenção e combate à corrupção. Uma das iniciativas desse programa é a análise do perfil de riscos de integridade de seus fornecedores, na qual cada parceiro e fornecedor é classificado em um grau de risco: alto, médio ou baixo.

Os fatores de risco avaliados estão associados aos seguintes critérios: (i) seu perfil, no qual são analisados o porte da empresa, segmentos de bens e serviços prestados/fornecidos, países em que atua e número de empregados; (ii) existência de influência do setor público nos negócios da empresa e seu nível de relacionamento com agentes públicos; (iii) sua reputação e histórico, análise na qual são procurados casos de envolvimento da empresa em casos de fraude e corrupção; e (iv) existência de um programa de integridade.

Todas as empresas com as quais esta multinacional se relaciona são orientadas a preencher um questionário de integridade e eventual não preenchimento resulta na descontinuidade do processo de cadastro. O objetivo deste procedimento é avaliar os riscos de integridade aos quais a companhia pode estar exposta nos seus relacionamentos comerciais.

Introdução

O Decreto nº 8.420/15, que regulamenta a Lei nº 12.846/13 (a chamada Lei Anticorrupção), em seu Capítulo IV, art. 42, V, estabelece que os Programas de Integridade, uma vez avaliados, devem contemplar, no que tange existência e aplicação, os seguintes parâmetros:

> I – comprometimento da alta direção da pessoa jurídica, incluídos os conselhos, evidenciado pelo apoio visível e inequívoco ao programa;
>
> II – padrões de conduta, código de ética, políticas e procedimentos de integridade aplicáveis a todos os empregados e administradores, independentemente de cargo ou função exercidos;
>
> III – padrões de conduta, código de ética e políticas de integridade estendidas, quando necessário, a terceiros, tais como, fornecedores, prestadores de serviço, agentes intermediários e associados;
>
> IV – treinamentos periódicos sobre o programa de integridade;
>
> V – análise periódica de riscos para realizar adaptações necessárias ao programa de integridade;
>
> VI – registros contábeis que reflitam de forma completa e precisa as transações da pessoa jurídica;
>
> VII – controles internos que assegurem a pronta elaboração e confiabilidade de relatórios e demonstrações financeiras da pessoa jurídica;
>
> VIII – procedimentos específicos para prevenir fraudes e ilícitos no âmbito de processos licitatórios, na execução de contratos administrativos ou em qualquer interação com o setor público, ainda que intermediada por terceiros, tal como pagamento de tributos, sujeição a fiscalizações, ou obtenção de autorizações, licenças, permissões e certidões;
>
> IX – independência, estrutura e autoridade da instância interna responsável pela aplicação do programa de integridade e fiscalização de seu cumprimento;
>
> X – canais de denúncia de irregularidades, abertos e amplamente divulgados a funcionários e terceiros, e de mecanismos destinados à proteção de denunciantes de boa-fé;
>
> XI – medidas disciplinares em caso de violação do programa de integridade;
>
> XII – procedimentos que assegurem a pronta interrupção de irregularidades ou infrações detectadas e a tempestiva remediação dos danos gerados;
>
> XIII – diligências apropriadas para contratação e, conforme o caso, supervisão, de terceiros, tais como, fornecedores, prestadores de serviço, agentes intermediários e associados;

XIV – verificação, durante os processos de fusões, aquisições e reestruturações societárias, do cometimento de irregularidades ou ilícitos ou da existência de vulnerabilidades nas pessoas jurídicas envolvidas;

XV – monitoramento contínuo do programa de integridade visando seu aperfeiçoamento na prevenção, detecção e combate à ocorrência dos atos lesivos previstos no art. 5º da Lei nº 12.846, de 2013; e

XVI – transparência da pessoa jurídica quanto a doações para candidatos e partidos políticos.

O objetivo deste artigo é discutir e analisar especificamente o inciso V, que versa sobre a análise periódica de riscos, para que os programas de integridade sejam adaptados conforme necessário. As questões a que se pretende responder são: como se realiza uma análise de riscos de integridade? Como materializar esta análise? O que estaria contemplado nela?

1 Riscos de integridade

Para iniciar a discussão, entende-se como relevante a definição do que seriam os "riscos de integridade". Ainda no Decreto nº 8.420/15, o art. 41 define que um programa de integridade é um conjunto de mecanismos e procedimentos cujo objetivo é o de "[...] detectar e sanar *desvios, fraudes, irregularidades e atos ilícitos* praticados contra a administração pública, nacional ou estrangeira." Especificamente essa parte do referido artigo foi destacada porque, no entendimento do autor, esses atos seriam os riscos de integridade os quais deveriam estar contemplados numa análise de risco de uma pessoa jurídica e que deveriam ser monitorados.

Essa definição, ainda que extraída diretamente das letras do Decreto nº 8.420/15, apresenta-se demasiadamente abrangente. De modo que se recorra à própria Lei Anticorrupção (Lei nº 12.846/13) para detalhar um pouco mais o que seriam os riscos de integridade aos quais uma organização estaria exposta. O Capítulo II da referida lei, "Dos atos lesivos à Administração Pública Nacional ou Estrangeira" estabelece em seu artigo 5º:

> Art. 5º: Constituem atos lesivos à administração pública, nacional ou estrangeira, para os fins desta Lei, todos aqueles praticados pelas pessoas jurídicas mencionadas no parágrafo único do art. 1º, que atentem contra o patrimônio público nacional ou estrangeiro, contra princípios

da administração pública ou contra os compromissos internacionais assumidos pelo Brasil, assim definidos:

I – prometer, oferecer ou dar, direta ou indiretamente, vantagem indevida a agente público, ou a terceira pessoa a ele relacionada;

II – comprovadamente, financiar, custear, patrocinar ou de qualquer modo subvencionar a prática dos atos ilícitos previstos nesta Lei;

III – comprovadamente, utilizar-se de interposta pessoa física ou jurídica para ocultar ou dissimular seus reais interesses ou a identidade dos beneficiários dos atos praticados;

IV – no tocante a licitações e contratos:

a) frustrar ou fraudar, mediante ajuste, combinação ou qualquer outro expediente, o caráter competitivo de procedimento licitatório público;

b) impedir, perturbar ou fraudar a realização de qualquer ato de procedimento licitatório público;

c) afastar ou procurar afastar licitante, por meio de fraude ou oferecimento de vantagem de qualquer tipo;

d) fraudar licitação pública ou contrato dela decorrente;

e) criar, de modo fraudulento ou irregular, pessoa jurídica para participar de licitação pública ou celebrar contrato administrativo;

f) obter vantagem ou benefício indevido, de modo fraudulento, de modificações ou prorrogações de contratos celebrados com a administração pública, sem autorização em lei, no ato convocatório da licitação pública ou nos respectivos instrumentos contratuais; ou

g) manipular ou fraudar o equilíbrio econômico-financeiro dos contratos celebrados com a administração pública;

V – dificultar atividade de investigação ou fiscalização de órgãos, entidades ou agentes públicos, ou intervir em sua atuação, inclusive no âmbito das agências reguladoras e dos órgãos de fiscalização do sistema financeiro nacional.

Assim, para a criação de um programa de integridade nos moldes do que preconiza a lei, esse seria o rol de riscos a serem mitigados.

No entanto, aqui cabe uma ressalva: esses são os riscos de corrupção. Mas os fatores de risco, que poderiam levar a organização a cometer um ato lesivo contra a Administração Pública nacional ou estrangeira na linha dos acima listados, são inúmeros e vão variar de empresa para empresa. Até mesmo empresas que atuem nos mesmos segmentos de negócio podem apresentar fatores de risco distintos para os mesmos riscos.

1.1 Fatores de risco

Antes de adentrar na discussão de fatores de risco e como gerenciá-los, é importante que alguns conceitos sejam expostos.

O Instituto Brasileiro de Governança Corporativa (IBGC), no documento "Gerenciamento de riscos corporativos – Evolução em governança e estratégia", define risco como:

> [...] possibilidade de algo não dar certo. Mas seu conceito atual no mundo corporativo vai além: envolve a quantificação e a qualificação da incerteza, tanto no que diz respeito às perdas quanto aos ganhos por indivíduos ou organizações.

"Fator de risco" pode ser entendido como a ação ou situação que gera incerteza quanto ao resultado. Tomemos como exemplo uma pessoa que fuma. Esta pessoa estaria mais exposta a desenvolver um câncer no pulmão do que uma pessoa não fumante. Logo, fumar é um fator de risco para o risco de desenvolvimento de câncer no pulmão, cujo impacto da materialização do risco, no limite, poderia ser o óbito.

2 Processos relacionados à integridade

Primeiramente, devemos destacar que as organizações executam suas rotinas e atividades por meio de processos, sejam eles estruturados ou não. Diversos processos, tais como processos de compras para a aquisição de insumos e serviços, processos de recursos humanos para, por exemplo, executar sua folha de pagamentos, processos de vendas para celebrar contratos comerciais, entre outros. São esses processos, que colocam a companhia em operação e compreendem os fatores geradores de risco.

Mas em termos de riscos de integridade, definidos nos termos da Lei, são aqueles que traduzem desvios, fraudes, irregularidades e atos ilícitos praticados contra a administração pública.

Pode-se concluir que os processos de uma empresa que trazem fatores de risco de integridade, prioritariamente, são os que de alguma maneira compreendem interação com a Administração Pública nacional ou estrangeira.

Comumente, as companhias interagem com o setor público nos seguintes temas: recebimento de fiscalizações, no recolhimento de impostos, em processos licitatórios, na prestação de serviços ou venda de produtos a órgãos ou companhias públicas, na obtenção de licenças, autorizações e permissões, entre outros.

Obviamente que, dependendo da especificidade do negócio em que uma companhia está inserida, outros pontos de contato com a Administração Pública podem existir, mas pode-se assumir que os listados acima seriam os principais.

A Controladoria-Geral da União (CGU), no documento intitulado "Programa de Integridade – diretrizes para empresas privadas", define a análise de perfil e riscos como um dos pilares de um programa de integridade e argumenta:

> A empresa deve conhecer seus processos e sua estrutura organizacional, identificar sua área de atuação e principais parceiros de negócio, seu nível de interação com o setor público – nacional ou estrangeiro – e consequentemente avaliar os riscos para o cometimento dos atos lesivos da Lei nº 12.846/2013.

Assim, verifica-se a relevância que o entendimento dos riscos de uma organização possui para a construção de um programa de integridade.

3 Etapas do gerenciamento de risco de integridade

No entendimento do autor sobre quais deveriam ser as etapas que as empresas deveriam executar para implementar uma gestão adequada de riscos de integridade, em linha com o preconizado pela CGU e pautadas nas análises de processos, seriam:

1) identificação de pontos de contato com a Administração Pública e processos/ações que podem ser considerados fatores de risco para a integridade. Ou seja, a companhia deveria mapear situações que possam facilitar, camuflar ou contribuir para a prática de atos lesivos contra a administração pública, nacional ou estrangeira;
2) criação de controles internos e documentos normativos cujo objetivo seja o de prevenir, monitorar e detectar os riscos, para que a possibilidade de materialização dos atos lesivos seja minimizada;
3) periodicamente testar a efetividade dessas iniciativas de controle, de maneira que eventuais falhas de controle possam ser corrigidas;

4) reavaliação periódica do perfil de riscos de integridade da organização. Uma companhia passa por mudanças de cenário ao longo do tempo, estratégias alteradas, negócios criados ou descontinuados. Essas alterações de contexto podem impactar o perfil de riscos e esse fato precisa ser capturado pelo gerenciamento de riscos.

Ainda, a análise de riscos de integridade deve considerar a estrutura organizacional da empresa (hierarquia interna, processo decisório), seu porte, sua dependência de autorizações, licenças e permissões governamentais para o seu negócio, a relevância dos contratos celebrados com entidades e órgãos públicos, a frequência e a relevância da utilização de terceiros nas interações com o setor público, participações societárias que envolvam a pessoa jurídica na condição de controladora, controlada, coligada ou consorciada.

O nível de risco de integridade das pessoas jurídicas varia diretamente em função dos mercados nos quais a empresa opera (cultura local, nível de regulação estatal, histórico de corrupção) e também da cultura interna em relação ao respeito às leis e regulamentações que, obviamente, varia de acordo com o suporte que é dado pela alta administração.

4 Tipos de risco de integridade

O Pacto Global da Organização das Nações Unidas (ONU), no documento *Guia de Avaliação de Risco de Corrupção*, define corrupção, de maneira ampla, como abuso de poder conferido para benefício particular e apresenta uma abordagem na qual quaisquer atos lesivos à Administração Pública são considerados riscos de corrupção e elenca o que foi denominado de Formas de Corrupção. A saber:

Suborno: traduz-se na oferta, doação, promessa, aceite ou solicitação de vantagem indevida como forma de induzir uma ação ilegal, antiética ou uma quebra de confiança por ausência de ação. Esta vantagem indevida pode ser financeira, favor, presente, hospitalidade, despesa, patrocínio, doação, contribuição política e beneficente, despesas promocionais.

Tipos de suborno:
- <u>Propina</u>: suborno dado a um cliente depois que a empresa recebeu um contrato. Normalmente, o fornecedor entrega uma

parte do valor do contrato de volta para o cliente comprador, diretamente ou por meio de um intermediário;
- Pagamento de facilitação: pagamentos para acelerar ou garantir o desempenho de uma rotina a que o pagador tem direito, normalmente uma atribuição administrativa do agente público, que se utiliza de sua condição para dificultar o processo;
- Doações políticas e beneficentes, patrocínios, viagens e despesas promocionais: normalmente atividades legítimas, mas que podem ser utilizadas como mecanismo de suborno para obtenção de contratos, liberação de licenças, entre outros atos lesivos.

Conflito de interesses: pessoa ou entidade com uma obrigação com a empresa tem interesse, compromisso ou obrigação conflitante. A corrupção estaria atrelada ao conflito nos casos em que um diretor, funcionário ou terceira parte viola sua obrigação com a entidade, agindo em favor de outros interesses.

Conluio: pode ocorrer por meio de manipulação de propostas, cartéis e fixação de preços.

Porta giratória: movimento de funcionário público de alto nível para cargos do setor privado e vice-versa, de modo que esta prática comprometa a imparcialidade e integridade do cargo público.

Patronagem: favoritismo ao selecionar um funcionário devido às suas conexões no setor público.

Agenciamento de informação ilegal: informações corporativas e governamentais classificadas como confidenciais, obtidas de maneira ilegal com o objetivo de beneficiar uma organização ou pessoa.

Evasão fiscal: não pagamento de imposto para o governo de uma jurisdição onde o referido imposto é devido.

5 Matriz de riscos e controles de integridade

A seguir, elencam-se exemplos de fatores de risco, e os riscos e controles relacionados à integridade que as companhias podem apresentar na execução de seus processos, consolidando a abordagem amparada na lei anticorrupção e no guia de avaliação de risco de corrupção do Pacto Global da ONU:

Fator de risco	Risco	Controle
Participação em licitações	Conluio; Suborno	1) Manual anticorrupção que verse sobre *compliance* concorrencial; 2) Acompanhamento, por área independente da área que gere a participação na licitação, dos procedimentos licitatórios executados pela empresa, incluindo eventuais reuniões com concorrentes ou potenciais parceiros de negócio; 3) Em casos de reuniões com o órgão público contratante, registro do encontro contendo data, hora, local, participantes, tema tratado e ata.
Obtenção de licenças, permissões e autorizações	Suborno	1) Manual anticorrupção e/ou código de ética da companhia; 2) Em casos de reuniões com o órgão público que concede a licença, permissão ou autorização, registro do encontro contendo data, hora, local, participantes, tema tratado e ata.
Recebimento de fiscalizações por órgãos públicos	Suborno	1) Manual anticorrupção e/ou código de ética da companhia; 2) Em casos de reuniões com o fiscal representante do órgão público, registro do encontro contendo data, hora, local, participantes, tema tratado e ata.

Fator de risco	Risco	Controle
Contratação de agentes públicos para melhoria da interação com órgãos governamentais, ou contratação de ex-agentes públicos para a melhoria de interação com órgãos governamentais	Patronagem; conflito de interesses	1) Diligência formal para verificar se a escolha foi feita em razão do acúmulo de conhecimento do agente público e com o intuito de prover aconselhamento técnico; 2) Procedimentos para verificar se a remuneração estabelecida está condizente com a qualidade e relevância do serviço prestado pelo agente público; 3) Verificação se o agente ou ex-agente público pode, de fato, ser contratado, de acordo com a regulação de conflito de interesses. 4) Pesquisa do histórico profissional do agente ou ex-agente público.
Oferecimento de hospitalidades, brindes e presentes a agentes públicos	Suborno; conflito de interesses	1) Manual anticorrupção e/ou código de ética; 2) Registro de hospitalidade, brindes e presentes ofertados.
Oferta de patrocínios e doações	Suborno	1) Política de brindes e doações; política de patrocínios; 2) Pesquisa dos antecedentes das instituições beneficiadas previamente à oferta; 3) Registro de patrocínios e doações através de contratos e prestação de contas.
Estabelecimento de metas altamente difíceis de serem atingidas, ou pagamentos de elevados bônus aos executivos para a obtenção de contratos	Suborno; conluio; conflito de interesses; agenciamento de informação ilegal	1) Monitoramento da política de metas, para que não seja transmitida a orientação de se fechar negócio a todo custo, em detrimento da manutenção de uma conduta ética.

Fator de risco	Risco	Controle
Fusões, aquisições e reestruturações societárias	Herança de passivos ilícitos	1) Realização de uma *due diligence* de integridade junto à empresa alvo, de modo a verificar a existência de antecedentes ilícitos.
Contratações de terceiros para representarem a companhia em trâmites administrativos (ex.: despachantes)	Suborno	1) Manual anticorrupção e/ou Código de Ética extensível a terceiros; 2) Cláusula no contrato com terceiros que o comprometa com o comportamento ético e que preveja penalizações contratuais, até mesmo rescisão, para casos de descumprimento; 3) *Due diligence* de integridade do terceiro, de modo a verificar seu histórico; e 4) Treinamento de terceiros que representem a empresa e interajam com o setor público.
Contratação de terceiros para fomentar discussões regulatórias junto às agências regulatórias e ao Poder Legislativo	Agenciamento de informação ilegal; suborno	1) Manual anticorrupção e/ou Código de Ética extensível a terceiros; 2) Cláusula no contrato com terceiros que o comprometa com o comportamento ético e que preveja penalizações contratuais, até mesmo rescisão, para casos de descumprimento; 3) *Due diligence* de integridade do terceiro, de modo a verificar seu histórico.
Cultura permissiva do segmento de negócios ou da localidade que a empresa opera em relação ao fornecimento de vantagens a agentes públicos	Suborno; conluio; conflito de interesses; agenciamento de informação ilegal; evasão fiscal	1) Treinamentos de integridade para os funcionários da organização; 2) Manual anticorrupção e código de ética acessível a todos os colaboradores.

Fator de risco	Risco	Controle
Ausência ou baixo nível de apoio da alta administração para questões de integridade	Suborno; conluio; conflito de interesses; agenciamento de informação ilegal; evasão fiscal	1) Inclusão de metas de integridade ou redutores de metas ou bônus para casos de descumprimentos, que impactem toda a alta administração; 2) Treinamentos de integridade customizados para os executivos; 3) Manual anticorrupção e Código de Conduta; 4) Assinatura de termos de compromisso, declaração de conflito de interesses e termo de confidencialidade
Reuniões de discussão de preços, associações comerciais ou consórcios com concorrentes	Conluio; concorrência desleal	1) Manual anticorrupção que verse sobre *compliance* concorrencial extensível a terceiros; 2) Acompanhamento, por área independente da área que gere a participação na licitação, dos procedimentos licitatórios executados pela empresa, incluindo eventuais reuniões com concorrentes ou potenciais parceiros de negócio; 3) Em casos de reuniões com o órgão público contratante, registro do encontro contendo data, hora, local, participantes, tema tratado e ata.
Contratos celebrados com a Administração Pública	Manipulação/ fraude do equilíbrio econômico-financeiro dos contratos celebrados com a administração pública	1) Monitoramento da execução do contrato por área independente da que gere o contrato, incluindo análise de medições, faturas emitidas vs. serviços prestados, vigência.

O quadro acima é exemplo de uma ferramenta amplamente utilizada no gerenciamento de riscos, a chamada "Matriz de Riscos e Controles". A construção desse documento representa um passo importante na maturidade de uma companhia para monitorar seus riscos de integridade e, consequentemente, na implementação de um programa de integridade efetivo.

Cabe destacar alguns aspectos relevantes em relação à matriz de riscos. É possível observar que um fator de risco é capaz de expor a entidade a mais de um risco de corrupção. Um outro tópico a ser observado é que para a mitigação da materialização de um risco podem ser necessários vários controles. Podem existir controles capazes de mitigar mais de um risco e tratar mais de um fator de risco.

E, finalmente, quando não há na organização um controle estabelecido para a mitigação de um risco através de um fator de risco, tem-se o chamado *gap* de controle, ou deficiência de controle. Essas debilidades devem ser o principal foco de atuação da empresa, pois para cada fragilidade de controle identificada, deve-se desenvolver um ou mais planos de ação, cujo objetivo, mandatoriamente, deve ser o de minimizar a exposição ao risco, através do tratamento do fator de risco.

Conclusão

A partir da análise contida neste artigo, pode-se concluir que uma ferramenta largamente utilizada e indiscutivelmente adequada para o gerenciamento de riscos de integridade é a matriz de riscos e controles. Esse documento deve ser construído pela organização a partir de suas características e especificidades do negócio.

Não existe uma solução de prateleira. O que fundamenta a ampla utilização desse mecanismo é a visibilidade que ele traz do contexto e da maturidade da companhia no tema de riscos.

A partir desse modelo, o gestor de integridade (*Chief Compliance Officer*) de uma empresa é capaz de identificar aquilo que é fator de risco, quais os riscos que permeiam de forma mais abrangente o negócio, quais os controles já existentes e quais as fragilidades que precisam ser sanadas.

A construção do referido documento deve ser feita não apenas por um funcionário da empresa, mas por um grupo de trabalho que compreenda diversas áreas e perfis de conhecimento, para que a matriz reflita fielmente os pontos de risco e uma pluralidade de cenários que poderiam levar a organização a incorrer num ato lesivo à Administração Pública.

Referências

BRASIL. Decreto nº 8.420/15, de 18 de março de 2015. Regulamenta a Lei nº 12.846/13 e dispõe sobre a responsabilização administrativa de pessoas jurídicas pela prática de atos contra a administração pública, nacional ou estrangeira e dá outras providências. *Diário Oficial da República Federativa do Brasil*, Brasília, DF, 18 mar.2015. Disponível em: http://www.planalto.gov.br/ccivil_03/_Ato2015-2018/2015/Decreto/D8420.htm.

BRASIL. Lei nº 12.846/13, de 1º de agosto de 2013. Dispõe sobre a responsabilização administrativa e civil das pessoas jurídicas. *Diário Oficial da República Federativa do Brasil*, Brasília, DF, 1º ago. 2013. Disponível em: https://www2.camara.leg.br/legin/fed/lei/2013/lei-12846-1-agosto-2013-776664-publicacaooriginal-140647-pl.html.

IBGC. *Gerenciamento de riscos corporativos* – Evolução em governança e estratégia. IBGC, 2017.

PACTO GLOBAL DA ONU. *Guia de avaliação de risco de corrupção*. The Global Compact, 2013.

Informação bibliográfica deste texto, conforme a NBR 6023:2018 da Associação Brasileira de Normas Técnicas (ABNT):

LEMOS, Bernardo. Gerenciamento de riscos e controles de integridade. *In*: COLA, Cristiane Petrosemolo; LOURENÇO, Luana. *Compliance para pequenas e médias empresas:* aportes teóricos e práticos para gestores, docentes e discentes. Belo Horizonte: Fórum, 2021. p. 63-76. ISBN 978-65-5518-123-4.

CAPÍTULO 5

MITIGANDO RISCOS DE *COMPLIANCE*: CÓDIGO DE CONDUTA E POLÍTICAS INTERNAS

THEREZA MOREIRA

Estudo de caso

Era mais uma tarde de Outono em um escritório no Rio de Janeiro. O telefone toca insistentemente e o chefe atende, com seu costumeiro ar de irritação:

– Quem é? Hã... ok... É... sim... tá... Eu sei. Não precisa encerrar a licitação agora. Entrego pra quem? Ok. Sem problema. (O chefe desliga o telefone, olha à volta e todos fingem não ter notado nada.)

– Dona Vera! Vem aqui na minha mesa agora. Diz o chefe.

Dona Vera se apressa em ir ao encontro do seu chefe, pois percebeu que algo importante estava acontecendo.

O chefe abre o cofre, enche um envelope com maços de cédulas de cem e o lacra.

– Eu quero que você entregue esse envelope agora lá na residência do Doutor Pessanha.

Dona Vera para e pensa um instante, tentando se lembrar de onde já tinha ouvido falar esse nome.

O chefe, impaciente, grita com a secretária:

– Você é burra? Doutor Pessanha é o deputado do nosso partido. Meu filho trabalha com o genro dele. Toma aqui o endereço dele. Leva agora e não precisa voltar.

Dona Vera, cabisbaixa, pega aquele envelope pesado e lacrado e volta para sua mesa com seus olhos cheios de lágrimas.

Vitor Hugo, o contínuo que Dona Vera trata como a um filho, estava no andar e resolveu dar uma passadinha na mesa da Dona Vera quando a vê mais triste do que nunca, paralisada, com uma coisa na mão, e pergunta:

– Esse envelope aí tá gordinho, hein? Garanto que, se a gente abrir pra ver o que tem dentro e fechar de novo, ninguém vai reclamar.

– Tá louco, menino? Nem brinca com uma coisa séria dessa! Isso é a mesada do deputado que cuida das obras mais importantes da empresa. Sem essas obras a gente fica sem emprego. Sem contar que a corda sempre arrebenta para o lado mais fraco. Por que você acha que eu aguento tanto desaforo? Vou reclamar com quem?

Desvio de conduta no relacionamento com agentes públicos, assédio, conflito de interesses, corrupção são alguns dos problemas sérios que essa instituição deixa de enfrentar em seu dia a dia por não ter um código de conduta que defina o que se espera dos funcionários e políticas internas específicas que definam em detalhes como a companhia trata o problema de assédio e de conflito de interesses.

Introdução

A implantação de um programa de *compliance* feito sob medida para a organização deve ser pensada de acordo com os riscos inerentes ao segmento de mercado em que ela está inserida, as leis, regulamentações e códigos da indústria (do setor) que ela representa e suas operações.

Risco pode ser definido como qualquer evento ou ação que impeça ou dificulte uma instituição de atingir os seus objetivos. Identificar, avaliar e classificar esses riscos é um dos passos mais importantes na criação de um programa sólido de *compliance*.

O risco é dinâmico e deve ser periodicamente revisado, sendo essencial que as classificações de risco reflitam adequadamente os riscos presentes e resultem em avaliações que gerem medidas práticas para mitigá-los e controlá-los.

O programa de *compliance* é composto de políticas, procedimentos e planejamento de atividades que visam a fortalecer as organizações, direcionando as ações para a condução dos negócios da forma correta, em relação ao cumprimento das leis, de questões de ética, aspectos concorrenciais e socioambientais, contratos com terceiros, normas contábeis, entre outros.

Este artigo não tem a pretensão de determinar quais políticas devem ser implantadas em um programa de *compliance* e nem determinar como é um código de conduta. Cabe a cada companhia mapear seus riscos e adotar as políticas que se harmonizam com a de seus processos de tomada de decisão, processos operacionais, uso de terceiros, grau de envolvimento com órgãos públicos, ramo de atuação, tamanho, estrutura societária, entre outros, e definir um código de conduta aderente aos seus valores e princípios éticos.

Acima de uma estrutura ou de uma função, o *compliance* é um organismo vivo, que precisa de todas as suas engrenagens funcionando de maneira sincronizada, sendo permanentemente monitorado e oportunamente revisado, a fim de garantir sua efetividade.

A efetividade do programa de *compliance* garantirá o gerenciamento dos riscos reputacionais entre outros e de sanções legais e administrativas a que a empresa está sujeita, garantindo a atenuação da responsabilidade administrativa e a prevenção da responsabilidade criminal dos executivos, profissionais de *compliance* e demais atores.

A garantia da efetividade do programa de *compliance* é o grande desafio a ser vencido pela organização, que deve incutir em todos uma cultura ética. Para que isso ocorra, a empresa deve utilizar ferramentas, dentre as quais o código de conduta e as políticas (ou procedimentos) internos.

Algumas empresas denominam o código de conduta como código de ética. No entendimento da autora, a organização deve determinar qual conduta é esperada de seus funcionários e a ética é um valor que deve ser parte da cultura da instituição. Dessa forma neste artigo o termo a ser utilizado será código de conduta.

1 Código de conduta

O código de conduta é a expressão dos princípios éticos e valores da instituição, devendo comunicar com clareza diretrizes e orientações quanto à atuação dos funcionários, principalmente em relação a processos críticos do negócio.

O código de conduta tem por finalidade principal promover princípios éticos e refletir a identidade e a cultura organizacionais, fundamentado em responsabilidade, respeito, ética e considerações de ordem social e ambiental.

A criação e o cumprimento de um código de conduta elevam o nível de confiança interno e externo na companhia e, como resultado, o valor de dois de seus ativos mais importantes: sua reputação e imagem (IBGC, *Código das Melhores Práticas de Governança Corporativa*, 2015, p. 93).

O código de conduta não deve ser tratado como uma "lei" a ser cumprida por dever, mas sim por desejo e efetivo comprometimento de todos os que pertencem e atuam em nome da organização. Ele será o fundamento para todas as normas internas e veiculará as diretrizes para a condução e resolução de conflitos que venham a surgir.

Sua adesão por todos os funcionários da corporação deve ser obrigatória, devendo merecer divulgação pública, alcançando todos os parceiros de negócio, clientes e fornecedores da instituição.

De acordo com o documento elaborado pela CGU (Controladoria-Geral da União) – Programa de Integridade – Diretrizes para empresas privadas, espera-se que o código de conduta, para fins de atendimento aos requisitos da Lei nº 12.846/2013:

a) explicite os princípios e os valores adotados pela empresa relacionados a questões de ética e integridade;
b) mencione as políticas da instituição para prevenir fraudes e ilícitos, em especial as que regulam o relacionamento (direto ou indireto) da companhia com o setor público;
c) estabeleça vedações expressas:
   i. aos atos de prometer, oferecer ou dar, direta ou indiretamente, vantagem indevida a agente público, nacional ou estrangeiro, ou a pessoa a ele relacionada;
   ii. a prática de fraudes em licitações e contratos com o governo, nacional ou estrangeiro;
   iii. ao oferecimento de vantagem indevida a licitante concorrente;
   iv. ao embaraço à ação de autoridades fiscalizatórias.
d) esclareça sobre a existência e a utilização de canais de denúncias e de orientações sobre questões de integridade;
e) estabeleça a proibição de retaliação a denunciantes e os mecanismos para protegê-los;
f) contenha previsão de medidas disciplinares para casos de transgressões às normas e às políticas da empresa.

É importante que o código de conduta seja revisado periodicamente, e revisado de acordo com as novas necessidades da instituição, em decorrência de mudanças legais, institucionais ou de áreas de negócios.

Ao final deste artigo será apresentado um modelo de código de conduta, que foi idealizado a partir da pesquisa dos códigos de conduta das seguintes empresas: Petrobras, Grupo Votorantim, Gerdau, Totvs, Construtora Queiroz Galvão, CSE Energia, Grupo ABV, Brookfield Incorporações, Alliance Shopping Centers, VGV Invest, ArcelorMittal, Apsis, Andrade Gutierrez, Solo Network, Performa Investimentos, Lifetime Asset Management e Vale (APÊNDICE C).

2 Responsabilidade da alta administração (*tone of the top*)

Cabe à alta administração a responsabilidade de dar o exemplo no cumprimento do código de conduta, como uma guardiã dos princípios e valores da organização.

É sua responsabilidade disseminar e monitorar a incorporação de padrões de conduta em todos os níveis de gestão fazendo com que o código de conduta seja compreendido e cumprido indistintamente, é o chamado *tone of the top* – o tom vem do topo.

A alta direção da empresa pode demonstrar de diferentes maneiras o seu compromisso com o programa de *compliance*:

a) o presidente e diretores podem reafirmar seu comprometimento com o programa de *compliance* ou com algum ponto específico do código de conduta, por exemplo, ao incorporarem o assunto a seus discursos;

b) os membros do conselho podem, antes do início de cada reunião, trazer um exemplo de aplicação do código de conduta da organização em seu dia a dia. Essa estratégia é também interessante de ser aplicada nas reuniões gerenciais mensais. Da mesma forma que existe o "minuto de segurança" podem existir as "pílulas de *compliance*";

c) na primeira folha do código de conduta, pode-se incluir uma mensagem do Presidente da instituição.

d) a alta direção pode enviar *e-mails* periódicos para os funcionários, adaptados aos diferentes públicos, chamando a atenção para a tolerância zero da organização relacionada ao pagamento de suborno ou para características específicas do programa de *compliance*.

Não basta dizer o que fazer e sim dar o exemplo e serem os primeiros a entender o conteúdo do programa de *compliance* e as ações necessárias para que ele se incorpore à cultura da corporação.

No caso de indícios de falta de efetividade ou da ocorrência de irregularidades, a alta direção deve garantir meios para que sejam feitos os aprimoramentos necessários no programa de *compliance* e adotar as medidas corretivas.

A destinação de recursos adequados para a implementação do programa de *compliance* é, sem dúvida, outro fator de grande importância para evidenciar o comprometimento da alta direção. Sem recursos que sejam proporcionais ao esforço necessário para a implantação, manutenção e monitoramento do programa de *compliance*, é bem provável que ele acabe existindo apenas no papel.

Todo tempo das pessoas envolvidas e o dinheiro necessário deverá ser percebido como um investimento, a partir do momento em que a alta direção enxerga o *compliance* como mais um ativo da corporação.

A alta direção deve assegurar que o funcionário não sofra retaliação, discriminação ou ação disciplinar, por relatos feitos de boa-fé ou com base em uma razoável convicção de violação ou suspeita de violação da política de *compliance* da instituição.

Um programa de integridade será bem-sucedido somente se tiver um responsável por ele no dia a dia da empresa. O *Chief Compliance Officer* (CCO) deve ser uma pessoa com boa capacidade de comunicação, disciplinada e com capacidade de dar suporte às demais gerências operacionais, incluindo a definição e monitoramento de controles internos, a definição de treinamentos, investigações internas bem como ser alguém em quem os colegas de trabalho possam confiar para discutir dilemas éticos de forma aberta e respeitosa.

Esse profissional será um dos responsáveis por reforçar para os funcionários a relevância de não cometer ilícitos, disseminando as regras de conduta da companhia, engajando-os a mudar seu comportamento.

O código de conduta, canal de denúncias e desenvolvimento de políticas internas são crescentemente utilizados pelas organizações na busca de mitigar fraudes internas.

3 Controles e políticas internas

Controles internos podem ser definidos como um conjunto de atividades, planos, métodos, indicadores e procedimentos interligados, utilizados com vistas a assegurar a conformidade dos atos de gestão e a concorrer para que os objetivos e metas estabelecidos para as unidades jurisdicionadas sejam alcançados (Instrução Normativa IN-TCU 63/2010).

Políticas internas podem ajudar a prevenir desde problemas de não conformidade com leis e regulamentações a desvios de conduta de funcionários.

Na estruturação de um programa de *compliance*, algumas políticas devem ser definidas para direcionar todos os fluxos e processos sensíveis no que tange, por exemplo, à prevenção à corrupção e à proteção à livre concorrência.

As políticas internas devem especificar seus objetivos, procedimentos, público-alvo, periodicidade, unidades responsáveis e formas de monitoramento.

Para prevenir a responsabilização por atos lesivos praticados por outra empresa com a qual esteja envolvida em decorrência de processos de fusões, aquisições ou reestruturações societárias, convém adotar medidas para verificar se a outra corporação esteve ou está implicada em atos lesivos à administração pública, nacional ou estrangeira, e se ela possui vulnerabilidades que acarretam riscos à integridade da instituição.

A depender da situação e das circunstâncias em que ocorra o pagamento de uma viagem para um agente público que tem poder de decisão sobre determinado projeto que a empresa deseja aprovar, este ato pode ser considerado um suborno para influenciar no resultado do processo. Por isso é fundamental que a organização crie uma política sobre o oferecimento e recebimento de brindes, presentes e hospitalidades e estabeleça de imediato o que é aceitável e o que nunca é aceitável.

Vários dos riscos aos quais a organização está submetida impõem a necessidade de estabelecimento de normas sobre como os seus representantes devem agir quando em contato com agentes públicos. Uma política clara e efetiva sobre relacionamento com o setor público é capaz de reduzir estes riscos.

Uma organização comprometida com a ética nos negócios deve estar atenta para o histórico daqueles que receberão seus financiamentos, patrocínios ou doações, para evitar possíveis associações de sua imagem com fraudes ou corrupção. Caso a companhia decida por esse tipo de ação, é aconselhável que tenha políticas específicas que estabeleçam regras e critérios, tanto para seleção dos destinatários, quanto para acompanhamento dos projetos aprovados.

De uma forma geral, o que se observa na maioria das organizações são políticas relacionadas a:
- anticorrupção;
- proteção à livre concorrência;
- oferta e recebimento de brindes, presentes, entretenimento e hospitalidade;
- doações; patrocínios;
- segurança da informação;
- salários, benefícios e comissionamento;
- conflito de interesses;
- contratação de terceiros; e
- fusões e aquisições.

Políticas consistentes e transparentes criam sólidas bases para relações de confiança com o mercado e consolidam a credibilidade da instituição, contribuindo para seu desempenho e longevidade.

A corporação deve zelar pela segmentação e definição clara de funções, papéis e responsabilidades, além de definir alçadas de decisão por instância, de forma a minimizar possíveis focos de conflitos de interesses.

A alta administração tem o *dever de monitorar* transações com potenciais conflitos de interesses, ou aquelas que, direta ou indiretamente, envolvam partes relacionadas (conselheiros, diretores e/ou sócios).

O estatuto, contrato social ou uma política especialmente dedicada ao tema pode exigir que transações entre partes relacionadas sejam aprovadas apenas por decisores que não possuam interesses conflitantes.

As instituições devem dispor de processos internos de monitoramento para identificar novas leis e alterações de leis, regulamentos, códigos e outras obrigações de *compliance* para assegurar a sua continuidade.

Ao final deste artigo serão apresentados dois modelos de políticas internas que foram desenvolvidos com base na pesquisa das políticas de conflito de interesse das empresas: Construtora Queiroz Galvão, Alliance e Totvs; política antissuborno das instituições: AEGEA, Construtora Queiroz Galvão, Petrobras, Grupo Estado, Brookfield Incorporações, Votorantim, ArcelorMittal e Metropolitan Transports (cf. APÊNDICES D e E).

4 Treinamentos e comunicação

Após a corporação mapear seus riscos, descrever o comportamento esperado em seu código de conduta e documentar suas políticas é o momento de dar ciência e capacitar todos os envolvidos.

Comunicar da maneira correta é a chave para atingir boa parte dos objetivos do programa de *compliance*, pois, se as pessoas entenderem o que se espera delas e as consequências pelo descumprimento das regras, poderão agir de forma correta.

A instituição deve determinar as comunicações internas e externas, incluindo:

a) o que ela irá comunicar;
b) quando comunicar;
c) para quem comunicar;
d) como comunicar;
e) quem irá comunicar;
f) os idiomas nos quais se comunicar.

As orientações devem ser transmitidas de forma clara e objetiva, sem mensagens com duplo sentido.

É importante que o código de conduta e as políticas que tratam sobre integridade nos negócios estejam disponíveis em locais de fácil acesso a todos, como a internet ou rede interna da empresa, a depender das decisões internas sobre o sigilo destes documentos. Na pesquisa realizada pela autora, foi verificado que diversas empresas disponibilizam suas políticas internas (de conflito de interesses, anticorrupção, assédio, recebimento de brindes, doações a partidos políticos entre outras) na internet para acesso público e aberto.

É por meio de treinamentos que os funcionários se sensibilizam e compreendem corretamente a importância do *compliance* e têm a oportunidade de esclarecer dúvidas específicas sobre políticas e procedimentos, o que geralmente contribui para seu engajamento nas atividades.

A definição do público-alvo para cada treinamento não deve levar em conta apenas o departamento ou função do funcionário, mas também a atuação em projetos específicos que essas pessoas possam estar alocadas temporariamente. Uma prática comum é que todos os funcionários recebam o código de conduta em uma sessão de integração logo na primeira semana de trabalho.

Parceiros, representantes, agentes e terceiros também devem ser treinados, porém essa decisão deverá ser baseada no perfil de riscos identificado previamente, na atividade que exerce e no risco identificado na *due diligence*.

Dependendo da natureza do trabalho dos funcionários, uma cópia impressa deve ser disponibilizada para aqueles que não tiverem acesso a computadores. Os responsáveis pelo programa de *compliance* devem ter essa sensibilidade, de forma a evitar que esses funcionários se sintam excluídos e como consequência se tornem reativos ao programa de *compliance*.

Caso a companhia possua filiais em países estrangeiros, é necessário que ao menos parte dos documentos seja disponibilizada na língua local, principalmente aqueles que estão relacionados aos riscos identificados naquela localidade.

Deve-se alertar que um código de conduta reflete os valores da companhia, mas também introduz as políticas internas mais importantes e por isso uma tradução literal do código de conduta da matriz estrangeira nem sempre pode se mostrar eficiente, pois pode conter expressões que não se aplicam à realidade da filial local. Na pesquisa realizada pela autora, podem-se observar alguns códigos de conduta que eram uma tradução literal e "fria" de documentos da matriz de outro país.

Sobre os tipos de treinamentos oferecidos, os dois métodos mais comuns são os presenciais e a distância (*e-learning*). O presencial, na medida em que fornece uma oportunidade para contato cara a cara com o líder do *compliance* e costuma permitir que os funcionários, parceiros ou terceiros apresentem suas dúvidas e questionamentos; o eletrônico serve para reforçar as mensagens já transmitidas pessoalmente e alcança maior número de funcionários a um custo substancialmente menor para a empresa, além de maior liberdade e flexibilidade.

Em ambos os casos, recomenda-se que os treinamentos sejam de alguma forma certificados, conduzidos por pessoas com experiência no assunto. Sugere-se também que os funcionários treinados sejam submetidos a uma breve avaliação de retenção dos principais conceitos transmitidos, para assegurar a efetividade mínima do mecanismo.

A taxa de comparecimento deve ser próxima a 100%, sendo únicas exceções aceitáveis as licenças de longo prazo. Deve ser feito registro, acompanhamento e reporte da efetiva realização do treinamento e participação dos convidados, por meio de lista de presença assinada e fotos.

Um novo ciclo de treinamento em *compliance* deve ocorrer sempre que houver:

a) mudança de cargo ou responsabilidades;
b) mudanças em políticas, procedimentos e processos internos;
c) mudanças na estrutura da organização;
d) mudanças nas obrigações de *compliance*, especialmente nos requisitos legais ou das partes interessadas;
e) mudanças nas atividades, produtos ou serviços;
f) questões decorrentes do monitoramento, auditoria, análises críticas, reclamações e não cumprimento, incluindo retroalimentação das partes interessadas.

É importante criar um calendário de ações de comunicação para o ano, incluindo, por exemplo:
a) criação de *pop-ups* com lembretes de *compliance* como descanso de tela dos computadores dos funcionários;
b) jornais internos, que podem conter entrevistas com funcionários de todos os níveis sobre o que entendem por *compliance* ou como aplicam o código de conduta em seu dia a dia;
c) distribuição de brindes para os funcionários que responderem *quizzes* sobre *compliance*;
d) competições sobre *compliance* entre os departamentos da instituição, com distribuição de brindes como bonés, camisetas, canetas ou bloquinhos;
e) criação da semana de *compliance*, com uma comunicação visual específica para o dia, atividades e jogos;
f) competição de desenho dos filhos dos funcionários para o calendário corporativo que terá como tema ética *no dia a dia*.

Além do que foi listado acima, deve-se utilizar qualquer forma de comunicação que funcione no contexto da corporação, no momento do programa de *compliance* e no orçamento disponível.

Ações simples e de baixo custo estão disponíveis para o profissional responsável pelo *compliance* realizar ações de monitoramento do programa:
- conversas de corredor com os funcionários da empresa;
- visitas a operações em campo;
- revisão de relatórios de despesas de funcionários, amostragem de faturas pagas a agentes e intermediários por valor ou por serviço;
- revisão de entrevistas de desligamento de funcionários;
- filtros de verificação de frase e palavras-chave críticas em *e-mails*, como por exemplo: "jeitinho", resolva logo, suborno, combinar preço etc.

Essas ações servem para medir a eficácia do programa de *compliance*, porém não devem substituir em nenhuma medida uma auditoria interna ou uma auditoria externa.

5 Auditoria x monitoramento

O sucesso de um programa de *compliance* depende da capacidade da corporação em monitorar sua efetiva implementação e aplicação. Em geral, pode-se dividir essas atividades em duas categorias:

    a) análise do funcionamento adequado dos processos e controles desenvolvidos;

    b) verificação da efetividade prática desses processos e controles.

Na primeira categoria enquadra-se o monitoramento de comportamentos individuais, a fim de verificar se os processos de controle estão sendo efetivamente seguidos. Na segunda categoria, de maior complexidade, encontram-se as formas de verificação da efetividade e da eficiência do próprio programa.

Um monitoramento contínuo do programa de *compliance* permite que a corporação responda tempestivamente a quaisquer riscos novos que tenham surgido.

A instituição deve determinar:

    a) o que precisa ser monitorado e medido;

    b) quem é responsável pelo monitoramento;

    c) os métodos para monitoramento, medição, análise e avaliação, conforme aplicável, para assegurar resultados válidos;

    d) quando o monitoramento e a medição devem ser realizados;

    e) quando os resultados de monitoramento e medição devem ser analisados e avaliados;

    f) para quem e como estas informações devem ser reportadas.

Deve a organização reter informação documentada apropriada como evidência dos métodos de monitoramento e dos resultados obtidos.

O monitoramento pode ser feito mediante a coleta e análise de informações de diversas fontes, tais como:

- relatórios regulares sobre as rotinas do programa de *compliance* ou sobre investigações e auditorias;
- tendências verificadas nas reclamações dos clientes da instituição;
- relatórios de agências governamentais reguladoras ou fiscalizadoras;

- informações obtidas do canal de denúncias, conforme ilustrado no Gráfico 1, a seguir:

GRÁFICO 1 – Análise das denúncias recebidas
Fonte: Canal de denúncias Deloitte 2011 a 2015.

Dependendo de suas características, além do monitoramento cotidiano, a companhia pode submeter suas políticas e programa de *compliance* a um processo de auditoria, a fim de assegurar que as medidas estabelecidas sejam efetivas e estejam de acordo com as necessidades e as particularidades da companhia.

Para conduzir uma auditoria, a empresa deve:

a) planejar, estabelecer, implementar e manter um programa de auditoria, incluindo a frequência, métodos, responsabilidades, requisitos de planejamento e relatórios, os quais devem levar em consideração a importância dos processos pertinentes e os resultados de auditorias anteriores;

b) definir os critérios de auditoria e o escopo para cada auditoria;

c) selecionar auditores competentes e conduzir auditorias para assegurar objetividade e imparcialidade do processo de auditoria, no caso de uma auditoria interna ou contratar um serviço de auditoria independente;

d) assegurar que os resultados das auditorias sejam reportados para a gerência pertinente, responsável pelo programa de *compliance* e a alta direção;

e) reter informação como evidência da implementação do programa de auditoria e dos resultados de auditoria, na forma de relatórios.

Uma vez que a auditoria confirme a ocorrência de ato lesivo envolvendo a instituição, devem ser tomadas providências para assegurar a imediata interrupção das irregularidades, providenciar soluções e reparar efeitos causados. A corporação pode, por exemplo, aprimorar o programa, de forma a evitar a reincidência do problema e ocorrência de novas falhas.

É importante que a adoção dessas medidas seja divulgada para funcionários e terceiros, a fim de reforçar publicamente a não tolerância da empresa com a prática de ilícitos. A corporação deve também utilizar os dados obtidos na investigação interna para subsidiar uma cooperação efetiva com a administração pública.

A comunicação às autoridades competentes sobre a ocorrência do ato lesivo, o fornecimento de informações e o esclarecimento de dúvidas podem beneficiar a companhia em eventual processo administrativo de responsabilização.

Conclusão

Os riscos de *compliance* podem derivar de fraudes internas, fraudes externas, demandas trabalhistas, segurança deficiente do local de trabalho, práticas inadequadas relativas a clientes, produtos e serviços, danos a ativos físicos próprios ou em uso pela instituição, falhas na execução, cumprimento de prazos e gerenciamento das atividades na empresa.

Cartilhas, códigos, guias e orientações que adotam objetivos irreais, descrevem as situações de forma idealizada ou distante do que se apresenta no dia a dia da organização podem não surtir efeitos – ou, em certos casos, até mesmo surtir efeitos negativos, pois os funcionários passam a questionar a validade de um programa de *compliance* que não compreende a realidade vivida por eles.

As políticas não terão efetividade se as pessoas não souberem como e quando aplicá-las. É necessário que todos, no âmbito da instituição, recebam treinamentos sobre os valores e orientações gerais do programa de *compliance*. Líderes eficazes envolvem-se de forma proativa em esforços de prevenção.

Quando a alta administração está envolvida na violação das políticas e do código de conduta da corporação, não tem sentido desenvolver esforços para estabelecer uma cultura de *compliance*.

Quando um alto executivo for descoberto envolvido em uma irregularidade, a companhia deverá aplicar medidas disciplinares severas, independentemente do cargo ocupado pela pessoa.

É dever da alta direção garantir que o programa de *compliance* existe de fato e não que se limita apenas a documentos e regras desconhecidos e não disseminados. Isso incentivará os funcionários a seguirem eles próprios as regras e a divulgá-las em toda a empresa.

Referências

BRASIL. Lei nº 12.846, de 1º de agosto de 2013. *Diário Oficial da República Federativa do Brasil*, Brasília, DF. Disponível em: http://www.planalto.gov.br/ccivil_03/_ato2011-2014/2013/lei/l12846.htm. Acesso em: 18 fev. 2019.

BRASIL. Lei nº 8.420, de 18 de março de 2015. *Diário Oficial da República Federativa do Brasil*, Brasília, DF. Disponível em: http://www.planalto.gov.br/ccivil_03/_Ato2015-2018/2015/Decreto/D8420.htm. Acesso em: 18 fev. 2019.

CGU. Programa de integridade. *Melhores práticas para empresas privadas*. Brasília, 2015.

DELOITTE. *Pesquisa Deloitte canal de denúncias*. Disponível em: https://www2.deloitte.com/content/dam/Deloitte/br/Documents/risk/Canal%20de%20den%C3%BAncias.pdf. Acesso em: 25 mar. 2019.

FERRAZ, Luciano. Reflexões sobre a Lei nº 12.846/2013 e seus impactos nas relações público-privadas – Lei de improbidade empresarial e não lei anticorrupção. *R. Bras. de Dir. Público – RBDP*, Belo Horizonte, ano 12, n. 47, p. 33-43, out./dez. 2014.

IBGC. *Código das melhores práticas de governança corporativa*. São Paulo, 2015.

IBGC. *Compliance à luz da Governança Corporativa*. São Paulo, 2017.

MANZI, Vanessa Alessi. *Compliance no Brasil* – Consolidação e perspectivas. Saint Paul, 2008.

SILVEIRA, Renato de Melo Jorge; DINIZ, Eduardo Saad. *Compliance, direito penal e lei anticorrupção*. São Paulo: Saraiva, 2015.

TCU. *Gestão de riscos*. SEGECEX/ADGECEX/SEMEC, 2018.

Informação bibliográfica deste texto, conforme a NBR 6023:2018 da Associação Brasileira de Normas Técnicas (ABNT):

MOREIRA, Thereza. Mitigando riscos de *compliance*: código de conduta e políticas internas. *In*: COLA, Cristiane Petrosemolo; LOURENÇO, Luana. *Compliance para pequenas e médias empresas*: aportes teóricos e práticos para gestores, docentes e discentes. Belo Horizonte: Fórum, 2021. p. 77-91. ISBN 978-65-5518-123-4.

DUE DILIGENCE PARA AVALIAÇÃO DE TERCEIROS

THAÍSSA FELGUEIRAS

Estudo de caso

A Seller S.A., uma rede de varejo norte-americana conhecida mundialmente, contratou uma empresa de serviços logísticos aduaneiros para o desembaraço na exportação de mercadorias para o Brasil e Colômbia.

Através de uma denúncia anônima, restou comprovado que os despachantes aduaneiros pagaram propina a agentes públicos em negociações para liberação de mercadorias. A empresa Seller S.A., na qualidade de contratante/representada da referida empresa, será punida financeiramente e, também, obrigada a rever o seu programa de *compliance* e adotar novos procedimentos de *due diligence* e avaliação de riscos de terceiros.

A empresa de serviços aduaneiros foi alvo de investigação pelo Ministério Público Federal (MPF) por estar envolvida em outros casos semelhantes e seria conhecida no ramo por divulgar seu "acesso facilitado" aos agentes públicos envolvidos na operação, o que reforça a falha dos procedimentos de *due diligence* da Seller S.A.

Introdução

Due diligence (ou *background check*) é uma expressão utilizada para indicar os procedimentos de coleta de informações, utilizadas de forma voluntária por uma organização para analisar um conjunto de dados e informações a respeito de outra empresa, geralmente em um momento prévio a uma operação comercial e/ou contratação, com o objetivo de se estabelecer um nível de cautela para as transações com essa empresa.

Pode ser realizada de maneira unilateral ou em conjunto, incluindo respostas fornecidas pela própria empresa pesquisada e com outras que o profissional responsável por esta tarefa deve analisar e avaliar a necessidade, como, por exemplo, dados de fontes públicas e privadas.

Também é possível realizar pesquisas de campo, com a devida atenção de que o referido levantamento deve respeitar fontes lícitas e as garantias constitucionais.

A realização de *due diligence* não está necessariamente vinculada ao programa de *compliance* das organizações, uma vez que esta prática se tornou mundialmente conhecida por meio do *Securities Exchange Act* publicado pela *Securities and Exchanges Comission (SEC)* nos Estados Unidos na década de 30. A *SEC* pode ser comparada de forma geral à CVM (Comissão de Valores Mobiliários) no Brasil e a prática de *due diligence* foi implementada, na época, visando a possibilitar que investidores tivessem conhecimento a respeito de informações importantes sobre valores mobiliários ofertados no mercado, e com isso, mitigar os riscos de informações enganosas e fraude durante sua negociação. Assim, a *due diligence* se tornou uma prática básica e fundamental no mercado de negócios para quaisquer operações societárias.

Do ponto de vista de um programa de *compliance*, o principal objetivo da realização de *due diligence* é garantir que seja feito um negócio idôneo (*due diligence* anticorrupção), pois, como explica Giovanini,[1] a *due diligence* deve ser encarada como uma ferramenta de conhecimento prévio de eventual parceiro e, com isso, seu resultado ser base para tomada de decisão.

O Ministério da Transparência, Fiscalização e Controladoria-Geral da União, apesar de não mencionar especificamente o termo *due diligence*, prevê em sua cartilha[2] a necessidade de adoção, pelas empresas, de medidas que garantam a proteção contra os riscos à integridade.

---

[1] GIOVANINI, Wagner. *Compliance:* a excelência na prática. São Paulo, 2014, p. 161.
[2] CGU – Programa de Integridade. Diretrizes para Empresas Privadas.

No que tange à *due diligence* de terceiros, não se pode fechar os olhos para o fato de que grande parte das empresas, mesmo querendo agir de boa-fé e buscando adequação à legislação anticorrupção existente, são empresas com negócios em andamento, portanto pode ser uma questão bastante delicada definir uma base de riscos de terceiros e, a partir disso, elaborar um procedimento firme de avaliação, principalmente no que diz respeito aos terceiros com contratos em vigor.

E, por fim, conseguir realizar a diligência devida de acordo com os parâmetros legais, uma vez que a atividade-fim da empresa não pode parar ou ser prejudicada em razão desta adequação, o que torna o momento complicado, pois ambos os processos devem ocorrer de forma paralela e, portanto, trata-se de um verdadeiro desafio para os profissionais envolvidos.

1 Avaliação de terceiros

Apesar de *due diligence* não estar necessariamente vinculado ao programa de integridade, na contratação de terceiros é um ponto de extrema relevância para que um programa de *compliance* seja considerado eficaz.

No que diz respeito à legislação internacional, a legislação anticorrupção norte-americana (*Foreign Corrupt Practices Act – FCPA*) prevê a realização de *due diligence* na contratação de terceiros, tendo divulgado um guia sobre os dispositivos do *FCPA*. Sobre diligência proporcional e avaliação de terceiros, prevê o referido guia (*FCPA Resource Guide*):[3]

> Similarly, *performing identical due diligence on all third party agents, irrespective of risk factors, is often counterproductive,* diverting attention and resources away from those third parties that pose the most significant risks. DOJ and SEC will give meaningful credit to a company that implements in good faith a comprehensive, risk-base compliance program, *even if that program does not prevent an infraction in a low risk area because greater attention and resources had been devoted to a higher risk area.* Conversely, a company that fails to prevent an FCPA violation on an economically significant, high-risk transaction because it failed to perform a level of due diligence commensurate with the size and risk of the transaction is likely to receive reduced credit based on the quality and effectiveness of its compliance program. (Grifos nossos)

---

[3] Disponível em: https://www.justice.gov/criminal-fraud/fcpa-guidance.

Já em relação à Lei Anticorrupção brasileira (Lei nº 12.846/13), há a previsão de responsabilização objetiva das pessoas jurídicas envolvidas em atos de corrupção em face da Administração Pública, mesmo que realizados por parceiros de negócios, tendo se beneficiado ou não das práticas ilícitas.

O Decreto nº 8.420/2015, que regulamenta a Lei Anticorrupção, incluiu em seus parâmetros para avaliação de um programa de *compliance* (ou integridade) a necessidade de adoção pelas organizações de políticas e procedimentos de integridade aplicáveis aos colaboradores e a terceiros, bem como a realização de diligências adequadas para contratação e supervisão de terceiros.

Diante deste contexto, as empresas se viram obrigadas a saber se seu parceiro comercial, sócio, prestador de serviço, terceiros no geral, é íntegro e se desenvolve seus negócios de acordo com a legislação anticorrupção. Entende-se possível que o preço deixe de ser o principal critério a ser considerado no momento da contratação para ganhar aliados tais como o histórico reputacional e análise dos valores/ princípios corporativos.

O Decreto nº 8.420/2015, em seu artigo 42, III, exemplifica os terceiros citados pela Lei Anticorrupção, quais sejam os prestadores de serviço, fornecedores, associados e agentes intermediários, contudo cabe ressaltar que este rol não é exaustivo, portanto, outras partes podem ser classificadas como terceiros de acordo com a atuação de cada empresa.

2 Níveis de *due diligence*

Para que uma empresa coloque em prática a *due diligence* anticorrupção podem-se considerar três premissas básicas: (i) classificação do risco de terceiros e a partir disso, utilizá-la como base para definir o nível da diligência a ser realizada; (ii) os pontos de atenção, também denominados *red flags*, precisam ser esclarecidos mediante evidente documentação; e (iii) é preciso reunir e arquivar as evidências e o resultado da *due diligence* realizada.[4]

Para avaliação dos riscos oferecidos pelos terceiros, é preciso analisar determinados fatores, para posteriormente definir o nível de

---

[4] FOX, Thomas. *The Complete Compliance Handbook*. Publicado por *Compliance Week*, 2018.

due diligence necessária. Esses fatores englobam, por exemplo, o país da sede do terceiro e onde possui operações comerciais, tempo de atuação no mercado, se a taxa de comissão requerida está dentro do padrão praticado, a necessidade do envolvimento de algum subcontratado, interação com instituições públicas, duração do contrato e demais pontos a depender do caso.

A diligência devida pode ser classificada em três níveis que devem ser aplicadas de acordo com o risco de corrupção apresentado pelo terceiro.[5]

O primeiro nível trata-se de uma triagem em que são verificados os nomes individuais e os nomes das pessoas jurídicas por meio de listas de sanções, *sites* oficiais do governo, bancos de dados criminais, fraude e corrupção, sendo um primeiro passo de baixo custo e, portanto, de fácil adoção pelas empresas.

Já o segundo nível inclui uma pesquisa de mídia nacional e internacional através dos principais meios de comunicação, jornais, *sites* de busca, pesquisas na Internet e base de dados de restrição de crédito. Devem-se incluir nessa pesquisa os principais executivos e organizações associadas aos terceiros, além de fontes próprias do setor específico.

Por último, o terceiro nível, que consiste em uma pesquisa mais aprofundada, visando a alcançar todos os registros públicos disponíveis e pesquisas *in loco* detalhadas.

A utilização de profissionais do ramo de atividade do terceiro para uma análise mais técnica dos dados obtidos pode ser um diferencial para um resultado bem-sucedido, com recomendações concretas de pontos observados e como a empresa deve agir em relação a esse terceiro.

O objetivo maior é conseguir investigar informações não divulgadas sobre executivos e/ou parceiros comerciais, tais como informações de reputação, participação em outros negócios, ações judiciais, histórico de condutas e quaisquer outros acontecimentos que venham a contaminar os negócios e a imagem da empresa contratante.

Para este terceiro nível de *due diligence* muitas das vezes se faz necessária a contratação de uma consultoria ou escritório de advocacia para investigar o terceiro no país de sua sede de mais localidades onde estão inseridas, e verificar a conformidade com as legislações desses países.

---

[5] FOX, Thomas. *The Complete Compliance Handbook*. Publicado por *Compliance Week*, 2018.

As abordagens podem ocorrer de diferentes formas, de acordo com os pontos relevantes do programa de *compliance*; logo, primeiramente, devem-se avaliar os riscos de sua empresa, para posteriormente, monitorar esse risco com base nos três níveis de *due diligence*. A depender do caso, pode ser necessária a realização de pesquisas adicionais, até não existirem pontos não esclarecidos e, claro, o controle e arquivamento de todo o processo da diligência realizada.

3 Principais aspectos da investigação

Tendo em mente que *due diligence* se trata de coleta de informações e dados para alcançar um resultado e, a partir deste, proporcionar segurança jurídica à operação, quanto mais detalhada for essa pesquisa, mais elementos estarão disponíveis para embasar a tomada de decisão.

Dessa forma, determinados aspectos precisam ser considerados e analisados, tais como: informações sobre a estrutura societária e de negócios da pessoa jurídica a ser contratada; ocorrência de interação com agentes públicos e pessoas politicamente expostas; histórico de conduta e imagem no mercado; análise dos contratos firmados com terceiros e, também, informações detalhadas sobre seu programa de *compliance* e sua aplicação; e análise do código de ética, políticas adotadas, realização de treinamentos anticorrupção para seu quadro de empregados e eventuais terceiros, representantes e parceiros comerciais.

A participação do terceiro é relevante como ponto de partida da *due diligence* por meio do preenchimento de um questionário (*checklist*) e no decorrer do processo, com o fornecimento de documentos, tais como atos societários, contratos, evidências e possíveis esclarecimentos adicionais.

O profissional responsável pela *due diligence* de terceiros deve observar as seguintes diretrizes básicas, consoante a legislação anticorrupção brasileira: (i) análise da composição societária do terceiro; (ii) pesquisa de cada acionista e suas participações societárias em demais empresas, incluindo também seus familiares; (iii) consulta ao banco de dados de restrição ao crédito para análise da saúde financeira do terceiro; (iv) realização de busca de ações nos *sites* dos tribunais da comarca sede do terceiro; (v) consulta às listas de sanções (os cadastros CEIS, CNEP, CNIA, entre outros); (vi) verificar se o terceiro realiza doações a candidatos ou partidos políticos; e (vii) pesquisa em *sites* de busca na internet com foco em notícias negativas de reputação.

Por último, cumpre salientar que, após a tomada de decisão, a empresa deve realizar o monitoramento contínuo do contrato, por meio de comunicações de conformidade, treinamentos e verificação de informações básicas para, em caso de mudanças, realizar as adaptações necessárias na *due diligence* e no questionário.

4 Responsabilização por atos de terceiros: meios de proteção

Para mitigar os riscos e se prevenir de eventual responsabilização por atos de terceiros, as empresas podem incluir certas medidas em seu programa de *compliance*, além da realização da *due diligence* ora discutida, que também é uma forma de prevenção.

Dentre as medidas, têm-se a criação ou atualização das políticas anticorrupção e de contratação de terceiros, a avaliação de riscos de terceiros, a formalização/revisão dos contratos firmados com terceiros, incluindo na redação a cláusula anticorrupção e de obrigação de cumprimento das normas de *compliance* e o mais importante, o monitoramento contínuo.

Ainda sobre as cláusulas contratuais, é importante considerar determinados tópicos no que tange à celebração de contratos com terceiros. A boa prática de integridade recomenda os seguintes tópicos:
- o terceiro precisa afirmar por escrito que não é agente público e se tem em seus quadros algum agente público. Em caso afirmativo, precisar informar nome, cargo, órgão público e período de atuação;
- o terceiro precisa afirmar por escrito que não é controlado, direta ou indiretamente, por um agente público;
- estabelecer o direito da empresa contratante de realizar auditoria nas unidades do terceiro, quando desejável;
- previsão de rescisão unilateral, sem ônus, no caso da empresa contratante suspeitar, de boa-fé, que o terceiro possa estar envolvido em atos de corrupção;
- comprometimento do terceiro em cumprir os dispositivos da legislação anticorrupção aplicável;
- o objeto do contrato deve ser claro, objetivo e de acordo com a realidade dos serviços a serem prestados.

Sobre este tópico, o *FCPA Resource Guide* complementa:

> Among other things, the company should understand the role of and need for the third party and ensure that the contract terms specifically describe the services to be performed. Additional considerations include payment terms and how those payment terms compare to typical terms in that industry and country, as well as the timing of the third party's introduction to the business. Moreover, companies may want to confirm and document that the third party is actually performing the work for which it is being paid and that its compensation is commensurate with the work being provided.

É fundamental que o terceiro se comprometa a informar à empresa contratante caso sua situação tenha alguma alteração relevante ao longo da vigência do contrato.

5 Benefícios da análise de integridade

É cediço que a realização dessa investigação prévia proporciona maior quantidade de informações qualificadas, o que definitivamente assegura uma tomada de decisão estratégica mais prudente, abrangendo riscos, benefícios e prevenção de eventuais danos reputacionais, motivo pelo qual seu resultado é um diferencial para a decisão final de uma empresa.

Além disso, documentar todo o processo de *due diligence* de terceiros, além de demonstrar sua efetividade, possibilita a mitigação de possíveis penalidades em caso de responsabilização por práticas corruptas de terceiros.

No mercado competitivo em que as empresas estão inseridas, um programa de *compliance* efetivo, ou seja, que cumpra os pilares previstos na legislação anticorrupção, se torna cada vez mais primordial para o êxito do negócio e longevidade da empresa. A inclusão da ótica do *compliance*, ao lado da análise jurídica, contábil, comercial de uma empresa no que diz respeito às deliberações, enriquece o comportamento de conformidade da organização e contamina positivamente as demais áreas e líderes com a cultura de integridade.

Em um ambiente empresarial em que há o comprometimento da alta administração e a vontade de implementar um programa de *compliance* verdadeiro com procedimentos adequados, toda e qualquer insegurança jurídica e comportamentos duvidosos darão lugar a uma nova consciência de ética e transparência.

Conclusão

A *due diligence* e/ou avaliação de terceiros não possui uma fórmula de aplicação genérica. Trata-se de uma investigação que carrega consigo um ponto de vista relativamente recente em que é composta por uma espécie de auditoria com base na identificação dos principais riscos no que diz respeito a possíveis atos de corrupção e atos lesivos à Administração Pública de acordo com o modelo de negócios de uma determinada empresa e seus processos de interação com clientes, terceiros e agentes públicos.

A empresa demonstrará seu engajamento com políticas anticorrupção e arquivamento e controle das investigações realizadas com a finalidade de descobrir ou prevenir violações à lei anticorrupção. O *FCPA Resource Guide* prevê que a realização prévia de uma auditoria (*due diligence*), o devido registro e documentação quanto à sua realização e o gerenciamento de conformidade posterior à contratação são fundamentais para a efetividade de um programa de *compliance*.

As empresas possuem por essência um papel transformador na sociedade e mediante o desenvolvimento de suas atividades colocam em prática a função social esperada. Todavia, as organizações não alcançarão sua função social integralmente caso não proporcionem um ambiente de trabalho ético e saudável. Tal conduta é construída dia após dia com a implantação das melhores práticas de mercado e de governança.

Ao transformar empresas em ambientes conscientemente éticos, a confiança das operações irá garantir a proximidade com outras empresas também voltadas para o combate à corrupção, se tornando um ciclo de conscientização e mudança de conduta negocial, cuja tendência é que a cultura de integridade, hoje encarada como um diferencial, ao longo dos anos será uma demanda padrão de toda e qualquer organização.

Referências

BLOK, Marcella. *Compliance e governança corporativa*: atualizado de acordo com a Lei Anticorrupção Brasileira (Lei 12.846) e o Decreto-Lei 8.421/2015. 2. ed. Rio de Janeiro: Freitas Bastos, 2018.

BRASIL. Decreto nº 8.420/15, de 18 de março de 2015. Regulamenta a Lei nº 12.846/13 e dispõe sobre a responsabilização administrativa de pessoas jurídicas pela prática de atos contra a administração pública, nacional ou estrangeira e dá outras providências. *Diário Oficial da República Federativa do Brasil*, Brasília, DF, 18 mar. 2015. Disponível em: http://www.planalto.gov.br/ccivil_03/_Ato2015-2018/2015/Decreto/D8420.htm.

BRASIL. Lei nº 12.846/13, de 1º de agosto de 2013. Dispõe sobre a responsabilização administrativa e civil das pessoas jurídicas. *Diário Oficial da República Federativa do Brasil*, Brasília, DF, 1º ago. 2013. Disponível em: https://www2.camara.leg.br/legin/fed/lei/2013/lei-12846-1-agosto-2013-776664-publicacaooriginal-140647-pl.html.

CONTROLADORIA-GERAL DA UNIÃO. *Guia Programas de Compliance*. CGU. Disponível em: http://www.cade.gov.br/acesso-a-informacao/publicacoes-institucionais/guias_do_Cade/guia-compliance-versao-oficial.pdf.

CONTROLADORIA-GERAL DA UNIÃO. *Programa de integridade*: Diretrizes para empresas privadas. CGU. Disponível em: http://www.cgu.gov.br/Publicacoes/etica-e-integridade/arquivos/programa-de-integridade-diretrizes-para-empresas-privadas.pdf.

FOX, Thomas. *The Complete Compliance Handbook*. Publicado por *Compliance Week*, 2018.

GIOVANINI, Wagner. *Compliance*: a excelência na prática. São Paulo, 2014.

GONSALES, Alessandra et al. *Compliance* – A nova regra do jogo. São Paulo: LEC, 2016.

ICRIO. *Revista Compliance Rio*. Rio de Janeiro: Instituto Compliance Rio, 2018.

SILVEIRA, Alexandre Di Miceli da. Ética empresarial na prática: soluções para gestão e governança no século XXI. Rio de Janeiro: Alta Books, 2018.

THE UNITED STATES. *Department of Justice*. Disponível em: https://www.justice.gov/sites/default/files/criminalfraud/legacy/2015/01/16/guide.pdf.

Informação bibliográfica deste texto, conforme a NBR 6023:2018 da Associação Brasileira de Normas Técnicas (ABNT):

FELGUEIRAS, Thaíssa. Due diligence para avaliação de terceiros. *In*: COLA, Cristiane Petrosemolo; LOURENÇO, Luana. *Compliance para pequenas e médias empresas:* aportes teóricos e práticos para gestores, docentes e discentes. Belo Horizonte: Fórum, 2021. p. 93-102. ISBN 978-65-5518-123-4.

CAPÍTULO 7

CANAL DE DENÚNCIAS, INVESTIGAÇÃO E *WHISTLEBLOWING*

DANIEL BRANDÃO

Estudo de caso

Robin, diretor de *compliance* da empresa Alpisa, *holding* de 13 (treze) empresas de vários segmentos, determinou que a equipe que apurava uma denúncia recepcionada no canal externo aprofundasse as investigações, se necessário com a contração de equipe especializada para identificação da autoria no menor prazo possível, com a apresentação de relatório circunstanciado do apurado e sugestões jurídicas para punição dos envolvidos.

Os desvios foram identificados por uma nova empregada do setor financeiro que reportou ao seu superior e este "sugeriu" que o fato fosse encaminhado através do canal de denúncias, o que foi feito.

Recebido o *report* pelo *canal de denúncias* (0800 – externo), o mesmo foi tratado pela empresa responsável pelo canal, resultando na recomendação para conhecimento e providências da direção, *in casu*, diretoria de *compliance*, visando a apurar uma série de práticas irregulares efetivadas por uma ex-empregada do setor financeiro e que foi demitida em razão de uma reestruturação da empresa.

A direção da empresa manifestou interesse na apuração total do caso para identificação de outros participantes, valores desviados, métodos e fragilidades dos sistemas de controle e auditoria, se comprometendo em contribuir com as investigações.

Introdução

O caso real supra-apresentado ilustra o quanto as empresas estão sujeitas a empregados desonestos, que se aproveitam de sistemas vulneráveis e/ou políticas e procedimentos igualmente vulneráveis, para obter proveito financeiro em detrimento da empresa e de toda a sociedade, como, de forma absurda, vemos e ouvimos diariamente na mídia.

Para mitigar os riscos das empresas, é importante que as organizações invistam e incentivem seus executivos e empregados a atuar de forma ética, *transparente e responsável*, de modo a entender que a dilapidação dos ativos (tangíveis e intangíveis) da empresa impacta diretamente na sua rentabilidade, nos seus investimentos e possibilidades de crescimento, deixando de gerar emprego e renda (fragilizando sua responsabilidade social).

O setor responsável pelo *compliance* (ou integridade, boas práticas ou qualquer outra denominação) precisa estar integrado de forma indissociável de todos os processos organizacionais (cargos, funções, fluxos) e operacionais da organização, especialmente aliados aos setores de Sustentabilidade e de Governança Corporativa, dentre outros.

Aperfeiçoamento diuturno dos processos e dos mecanismos de controles permitirá que a direção (alta administração) identifique e corrija com a rapidez necessária os desvios de conduta, reduzindo as ocorrências e perdas ou, ainda, possibilitando maiores chances de recuperação dos ativos desviados ou dos danos causados.

Esse introito se faz prudente apenas para reavivar os ensinamentos constantes no capítulo primeiro que conduziu o tema com maior profundidade, tornando o seu entendimento da maior importância para o presente, dessa forma, deixaremos de fazer qualquer conceituação sobre o que é um programa de *compliance*.

De toda forma, não temos a pretensão nem espaço para esgotar um assunto que, apesar de pouco estudado e discutido, entendemos de fundamental importância para a integridade das organizações.

1 O que é um canal de denúncia

O canal de denúncias ("mecanismos de incentivo à denúncia de irregularidades" no texto legal) é uma importante *ferramenta* dentre as inúmeras existentes em um programa de *compliance* de uma empresa, uma vez que através dele violações a normas internas ou externas podem chegar ao conhecimento do comitê de *compliance*, de forma integral, sem cortes ou alterações que influenciem na tomada de decisões.

Tamanha é a relevância da disponibilização de um canal para comunicação de denúncias de não conformidades ou práticas indevidas, que a Lei Anticorrupção[1] (ou Lei da Empresa Limpa), e o próprio Decreto nº 8.420/15 que a regulamenta, expressamente prevê a sua necessidade para que um programa de integridade seja considerado consistente e efetivo.

Destacamos que outras leis tratam de canal de denúncias, podendo citar entre as que reputamos mais relevantes as Leis de nºs 10.201/2001, 13.303/18, 13.608/18 e 13.756/18.

Em breve comentário, um programa de *compliance* consistente e efetivo é aquele que identifica com rapidez as inconsistências ou irregularidades cometidas por colaboradores diretos ou indiretos, consegue identificar e corrigir suas fragilidades, melhorando suas políticas e procedimentos.

Importa relatar que pesquisas corporativas apontam o canal de denúncias como a principal fonte da indicação de irregularidades, sendo responsável por 39,1% dos eventos identificados e ilustrado no Gráfico 1 a seguir:

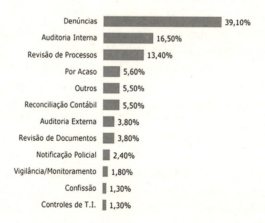

GRÁFICO 1 – Distribuição de eventos de fraude identificados
Fonte: *ACFE Report*, 2016.

---

[1] Art. 7º. Serão levados em consideração na aplicação das sanções:
[...]
VIII – a existência de mecanismos e procedimentos internos de integridade, auditoria e incentivo à denúncia de irregularidades e a aplicação efetiva de códigos de ética e de conduta no âmbito da pessoa jurídica;

Os poucos autores que estudam o tema convergem para o entendimento de que os "mecanismos de incentivo à denúncia de irregularidades" preconizados na lei são o mesmo que *canal de denúncias*.

Na prática, um *canal de denúncias* pode ser uma linha telefônica ou *e-mail* disponibilizado para que alguém possuidor de conhecimento sobre algo irregular ou ilegal informe à empresa (denunciante) ou o canal pode ser uma caixa para recebimento de bilhetes posicionada no refeitório ou nos banheiros da empresa.

Apenas para facilitar o entendimento, apresentamos a nossa definição para um canal de denúncias, como: qualquer meio que permita a empresa ou órgão (governos) tomar conhecimento de irregularidades ou ilícitos, praticado por colaborador direto ou indireto da mesma (fornecedores, prestadores de serviços), podendo o denunciante se valer do anonimato ou, no caso de identificação, garantia de que não será retaliado.

Considerando que 4 (quatro) entre 10 (dez) fatos inconformes são apurados em razão de denúncias, o cumprimento pela organização das regras de anonimato, confidencialidade e proibição de retaliação é um fator essencial para conquistar a confiança e garantir a segurança imprescindível daqueles que tenham algo a reportar.

O tratamento das informações recebidas, sejam elas meros questionamentos ou denúncias de infrações às políticas ou procedimentos simples da organização, deve ser ágil e consistente.

Nesse ponto devemos atentar que um tratamento ágil é aquele que, ao tomar conhecimento do fato, imediatamente (no prazo de 24 ou 48 horas) apura se o mesmo pode ser considerado um ato inconsistente ou um ato ilegal, sempre fundamentado na lei e na "legislação" da organização, ou seja, código de conduta, políticas, normas e instruções administrativas.

Em seguida, o canal de denúncias "sai de cena" relatando para o setor responsável da organização (*Compliance Officer*, Comitê de *Compliance*, Jurídico) todos os fatos, dados, nomes e elementos do fato que já se considerou inconsistente, irregular ou ilegal, para que uma investigação seja realizada (privada ou por órgão público).

Assim, o *canal de denúncias* colabora para defesa da integridade da organização, ajudando/auxiliando na indicação da ocorrência de atos de natureza ilícita (internos/externos ou ambos, podendo citar: corrupção, fraude ou suborno), bem como contribui na sua apuração, com dados e informações que não seriam obtidas senão por meio do anonimato.

A ferramenta tem sua formatação e funcionamento baseados em diretrizes definidas pela administração da empresa e deve operar de forma independente e imparcial, uma vez que sócios, dirigentes, gestores, funcionários, fornecedores, clientes, parceiros e demais interessados poderão compartilhar fatos que considerem impróprios, conflitantes com os interesses da organização, bem assim com os padrões éticos e de conduta por ela ditados, viabilizando que sejam investigados e devidamente punidos.

Segundo dados de pesquisa efetuada pela Consultoria Delloite,[2] empresas que possuem canal de denúncias adequadamente estruturado têm:

- perdas médias decorrentes de fraude 59% inferiores àquelas que não possuem canal de denúncias implantado;
- duração média da fraude 7 meses inferior em relação àquelas empresas que não possuem o canal de denúncias implantado.

Ao tratar do tema fonte de informações para um programa (ou sistema) de *compliance*, o festejado e precursor mestre sobre programas de *compliance*, Wagner Giovanini, *op. cit.*, ensina:

> [...] Como citado no tópico 1, os diversos processos, atividades e controles de um Sistema de *Compliance* contribuem para a redução dos casos, mas a detecção deles será, na sua maioria, decorrente das denúncias ou alegações, feitas, espontaneamente, nos canais disponibilizados pela organização.
>
> Não bastará, entretanto, disponibilizar um telefone 0800 e esperar a comunicação automática por seu intermédio. Impõe-se um grande trabalho prévio a ser desenvolvido. A empresa deverá criar um ambiente favorável para essa prática e construir uma estrutura profissional para receber as denúncias, endereçá-las e levá-las às últimas consequências.

Em artigo sobre Desafios para a Efetividade dos programas de *compliance*, Ana Frazão e Ana Rafaela Martinez de Medeiros, *em Compliance – Perspectivas e desafios dos programas de conformidade* (Belo Horizonte: Fórum, 2018. p. 101), relatam de forma superficial o *canal de comunicação* nos seguintes termos:

---

[2] Disponível em: https://www2.deloitte.com/br/pt/pages/risk/solutions/canal-de-denuncias.html. Acesso em: 16 abr. 2019.

[...] Um dos mecanismos extremamente relevantes quando se pretende instituir um programa de *compliance* robusto é o oferecimento de um canal de comunicação para apresentação de denúncias e para o esclarecimento de dúvidas. O mecanismo facilita que as empresas tomem conhecimento dos atos ilícitos, permitindo que adotem, prontamente, as medidas necessárias para prevenir e/ou para impedir que novas condutas semelhantes sejam praticadas.

O canal, todavia, só funciona se o empregado tiver a confiança de que não haverá retaliações e de que as informações prestadas serão mantidas sob sigilo. De fato, é imprescindível assegurar a confidencialidade do nome do denunciante, de modo integral e permanente.

Observe-se que é unânime a conceituação de que o *canal de denúncias* e/ou *de comunicação* é uma das ferramentas para a obtenção de informações sobre irregularidades (desvios de conduta, conflitos de interesses, práticas de suborno e corrupção), ou seja, técnicas (inconformidades) ou legais (ilícitos) que permitirão ao setor responsável pelo programa de *compliance* (ou sistema de integridade) da organização, iniciar apurações visando a identificar e responsabilizar o(s) autor(es), na forma preconizada no código de conduta.

Não resta dúvida, portanto, de que o canal de denúncias fortalece o comprometimento da empresa com a ética e possibilita identificação de desvios e irregularidades praticados por funcionários ou terceiros, agiliza a apuração dos fatos (investigação), além de direcionar a tomada de decisão rápida e consistente por parte da organização.

Importante ter em mente que o canal de denúncias não é responsável pela apuração dos fatos. Dependendo da estrutura poderá apenas fazer um tratamento da denúncia para saber se houve violação aos códigos da organização ou a legislação comum, para instaurar um "caso".

A partir da abertura do "caso", o *compliance officer*, o comitê de *compliance* ou um agente externo será responsável pelas diligências visando à apuração do "caso". Ao final da apuração, o relatório sugerindo uma punição será encaminhado à direção da empresa para decidir se será aplicada alguma punição e, caso positivo, qual.

2 Investigação

2.1 Medidas diversas e definição de investigação

No capítulo inicial, tomamos ciência dos elementos de um sistema de *Compliance*, consistentes na *prevenção, detecção e remediação/ reparação*.

Neste capítulo, vamos tratar da importância da investigação para a efetividade destes elementos, portanto, para iniciar, traremos várias definições do que é *investigação*.

Segundo o dicionário *Infopédia*, *op. cit.*: "[...] ato ou efeito de investigar; inquirição; indagação; estudo ou série de estudos aprofundados sobre determinado tema, numa área científica ou artística; pesquisa [...]".[3]

Segundo o Prof. Eliomar Pereira da Silva, *op. cit.*:

> A investigação, segundo uma concepção preliminar, consiste na pesquisa ou indagação que se faz interrogando, buscando e examinando. Sob uma abordagem semântica, segundo Manuel Monteiro Guedes Valente, a "investigação vem do étimo latino *investigatione* (*in + vestigius + actio*), significa a ação dirigida sobre o rastro, a peugada, e que levou à tradução de acto de *pesquisar*, de *indagar*, de *investigar*. Mas acto de investigar o quer? É um olhar inquiridor sobre os vestígios deixados e os rastros não apagados de um facto ou acontecimento e forma a que se chegue a uma verdade, a um conhecimento".[4]

Assim, conhecendo o que é investigação, passemos a discutir *para que* ou *como* podemos aplicar, no nosso entendimento, essa importante e indispensável ferramenta na gestão de uma organização.

Existem inúmeras aplicações para uma investigação, tais como: investigação criminal (crimes), investigação técnica (perícias), investigação na área médica (responsabilidade/pesquisa), investigação aeronáutica (prevenção), investigação interna (trabalhista) entre outras.

Neste trabalho, pretendemos demonstrar a importância desta ferramenta de produção de conhecimento que pode e deve ser exaustivamente utilizada no dia a dia das organizações, desde a identificação do melhor local para a instalação do *site* da empresa até a contribuição na elaboração de ações estratégicas.

---

[3] Disponível em: https://www.infopedia.pt/dicionarios/lingua-portuguesa/investiga%C3%A7%C3%A3o.

[4] PEREIRA, Eliomar da Silva. *Teoria da Investigação Criminal* – Uma introdução jurídico-científica. São Paulo: Almedina, 2010.

2.1.1 Investigação preventiva

Nos programas de *compliance*, a investigação pode (e deve) ser aplicada na *prevenção*, ou seja, quando *ainda não ocorreu* nenhuma inconsistência/irregularidade ou ilícito. Este tipo de investigação preventiva (prever, prevenir, evitar) apura se os *processos e/ou procedimentos e normas* da empresa estão sendo cumpridos.

O custo de uma investigação preventiva é muito menor que o da investigação apuratória, realizada após a ocorrência de uma fraude, acidente ou desvio, uma vez que é mais invasiva e, uma vez iniciada, deve apurar todos os fatos ou indícios de irregularidades encontradas.

Isso leva muitas vezes ao gasto de homens/hora desnecessários e que, possivelmente, não atingirão as expectativas dos gestores diante de sua diversidade e superficialidade.

Podemos exemplificar como investigação preventiva a verificação dos dados de um candidato a colaborador da *due diligence* realizada na aquisição ou fusão de empresas, na verificação da capacidade financeira do cliente.

Todas essas ações coordenadas, metódicas, realizadas antes do fato podem ser denominadas como uma investigação preventiva, ainda que simplória.

2.1.2 Investigação apuratória

Outra função da investigação no programa de *compliance* uma vez *detectada* uma inconformidade ou irregularidade é apurar a *autoria* (responsável ou responsáveis) e colher elementos de materialidade (prova da autoria).

Conforme mencionado anteriormente, detectado um fato inconforme, a equipe de investigação será acionada para inquirir, indagar, apurar junto aos empregados, testemunhas, informantes, o que efetivamente ocorreu, colhendo depoimentos (entrevistas), documentos (*e-mails*, relatórios, apontamentos) realizando outras diligências, tais como perícias nos sistemas de dados, controles de processos (SAP, por exemplo), contábeis, tudo a depender do objeto da apuração.

Como exemplo "clássico" de uma investigação *apuratória* temos as ações realizadas para elucidar o "sumiço" de um equipamento (um computador) de um setor da empresa.

Temos um fato, "sumiço do computador", e vamos buscar descobrir QUANDO ocorreu, QUEM praticou (autor), COMO praticou, se atuou sozinho, se arrombou portas (forma de agir), podendo-se incluir ou evoluir com outras indagações, como: PARA QUE ou POR QUE (motivação).

Nem sempre a empreitada é bem-sucedida, ou seja, conseguimos chegar ao autor do fato ou recuperar o bem "sumido"; entretanto, os dados e informações obtidas no curso da investigação podem identificar que a segurança patrimonial apresenta falhas ou deficiências que podem ser de equipamentos (portas não possuem trancas) ou de procedimentos (não existe uma norma para trancar as portas).

2.1.3 Investigação como informação para tomada de decisão

Como última serventia da investigação, podemos destacar a *remediação/reparação* dos danos causados em decorrência do ato inconforme ou irregular praticado. Toda investigação séria deve gerar um relatório conclusivo, no qual constam as diligências realizadas, fragilidades dos sistemas, vulnerabilidade dos procedimentos e normas (auditorias e acompanhamentos) que permitirão à direção da empresa decidir sobre melhorias e aperfeiçoamento dos sistemas ou processos apontados no relatório.

Muitas investigações não conseguem obter provas contundentes contra os supostos autores (responsáveis) pelas irregularidades, mas um relatório bem elaborado será de imensa valia para a tomada de decisões, inclusive o aprofundamento das investigações ou ampliação de seu escopo.

Observem que a investigação de um acidente aeronáutico não tem como objetivo a punição, mas a identificação da causa (ou causas) que levaram ao acidente para que sejam estabelecidos procedimentos visando a evitar novos acidentes com origem nas mesmas falhas.

Recentemente, conforme divulgado na mídia, uma empresa fabricante de aviões recebeu a recomendação de agência de investigação de acidentes para alterar determinados mecanismos (equipamentos e *softwares*) e procedimentos de utilização de um modelo em razão das investigações preliminares de dois acidentes ocorridos em breve intervalo de tempo.

No item anterior, tangenciamos a identificação de "fragilidades" no sistema de segurança da empresa, desta forma, esta importante informação não deve ser desprezada quando da *tomada de decisão* sobre o que fazer após a ocorrência de um "sumiço" de equipamento (não sabemos se ocorreu um furto, se o equipamento foi levado para manutenção e não retornou, se um colaborador está utilizando em sua residência).

Como o relato do que foi apurado na investigação (ainda que não identificado o autor ou recuperado o equipamento), teremos conhecimento de que o setor não fica trancado no período noturno ou nos finais de semana quando a área operacional funciona normalmente.

Essa informação deverá determinar o estabelecimento de um procedimento de fechamento do setor e uma vistoria da segurança ao término do expediente para identificação de inconformidades.

2.1.4 Investigação para medidas disciplinares (ou contratuais)

A previsão de aplicação de medidas disciplinares em decorrência da violação de regras de integridade é importante para garantir a seriedade do Programa de *Compliance*, não se limitando a um conjunto de regras "no papel".

Ainda mais importante é a certeza da aplicação das medidas previstas em caso de comprovação da ocorrência de inconformidades ou irregularidades. A Organização deve ter, em uma política específica, quais são as medidas disciplinares previstas e os casos em que se aplicam.

É impossível prever todos os casos que possam ocorrer, por isso é importante estabelecer critérios claros e bem definidos, incluindo a formação de um comitê que possa julgar qualquer fato ou situação nova que não tenha sido previsto.

As punições previstas devem ser proporcionais ao tipo de violação e ao nível de responsabilidade dos envolvidos.

Deve-se garantir que nenhum executivo, empregado ou fornecedor deixará de sofrer sanções disciplinares (ou contratuais) por sua posição/relação com a empresa. Isso é essencial para manter a credibilidade do Programa de *Compliance* e o comprometimento dos empregados, parceiros, fornecedores e demais interessados.

É preciso que se perceba que as normas valem para todos, portanto, todos estão sujeitos a medidas disciplinares em caso de descumprimento.

No caso dos fornecedores e prestadores de serviço, as medidas disciplinares serão de caráter contratual, como glosa de faturas, aplicação de multas até a rescisão contratual, tudo previamente firmado no contrato entre as partes, destacando que, como boa prática de gestão e de *compliance*, sempre o fornecedor se obrigará a conhecer e respeitar o código de conduta e demais procedimentos da empresa contratante.

Essa cautela é da maior importância, uma vez que a Lei nº 12.846/13 preconiza expressamente em seu artigo 2º:

> As pessoas jurídicas serão responsabilizadas objetivamente, nos âmbitos administrativo e civil, pelos atos lesivos previstos nesta Lei praticados em *seu interesse ou benefício*, exclusivo ou não. (Grifos nossos)

Este artigo da lei anticorrupção não deixa dúvidas que a empresa responderá por ato praticado por terceiro (fornecedor ou prestador de serviço), bastando que tenha obtido um benefício.

Podemos exemplificar com a contratação por uma empresa, de um escritório de despachante para providenciar o alvará ou outra licença para funcionamento. Se o escritório corrompe um agente público visando à agilização da licença, a empresa será beneficiada, mesmo não havendo solicitado qualquer urgência nem tomado conhecimento do comportamento ilegal dos contratados.

Neste ponto, chamamos a atenção que a contratação de qualquer fornecedor, intermediário ou prestador de serviços, por uma empresa que possui um programa de *compliance* efetivo, demandará uma diligência (investigação preventiva), visando a: i. confirmar os *dados básicos* (CNPJ, sócios, conta bancária, certidões) fornecidos pelo contratado; ii. comparecer no local onde a empresa está estabelecida para confirmar sua existência e verificar sua capacidade operacional para a prestação do serviço (uma construtora estabelecida em uma sala, sem sede operacional não terá condições de execução do contrato); iii. confirmar suas *credenciais* (certificados, autorizações, registros em órgãos de classe); iv. fazer contato com clientes para obtenção de informações sobre a prestação dos serviços, tais como qualidade, prazos, correção.

2.1.5 Investigação de conhecimento (inteligência)

Essa forma de investigação chega a ser um tabu no mundo corporativo, mas não podemos deixar de relatar a sua importância no mundo atual, quando as informações são transmitidas em tempo real, resultando em consequências quase imediatas para a organização.

Abrimos um parêntese para esclarecer que, acima, tratamos sobre a investigação para tomada de decisão, citando o relatório do que foi apurado em determinado "caso", ou seja, o conhecimento foi produzido *após* o fato. Na investigação para fins (objetivos) de inteligência, o conhecimento é produzido antecipadamente a qualquer evento.

A investigação de inteligência visa à formação de conhecimento para subsidiar a alta direção na tomada de decisões estratégicas da organização. Este conhecimento será produzido com a busca e coleta *de dados* nas inúmeras fontes abertas (jornais, rádios, internet, redes sociais), aplicando-se uma metodologia apropriada[5] para cada objetivo desejado.

Os dados obtidos, depois de tratados, transformam-se em informação relevante para a alta direção da empresa que pode utilizar em uma matriz SWOT/FOFA, definir alterações nas estratégias de marketing, recursos humanos, nas ações junto aos agentes públicos e outras.

Esse tipo de investigação costuma ser mais utilizado por grandes empresas nacionais ou multinacionais que contam com departamentos dedicados a coleta e levantamento de dados, com a produção de conhecimento para subsidiar a alta direção na tomada de decisões, especialmente nos segmentos mais competitivos.

Um exemplo de conhecimento relevante para a organização será tomar conhecimento de que uma determinada categoria laboral relacionada com a atividade da organização está planejando uma greve. O conhecimento prévio desse movimento paredista permitirá ativar um plano de contingência evitando ou minimizando a interrupção das atividades da organização e o atendimento dos clientes.

A investigação para produção de conhecimento permite saber ou prever com antecedência problemas que a empresa vai (ou poderá) enfrentar, permitindo ações para mitigá-los e acionar o plano de contingência.

---

[5] MENEZES, Romero. *Manuel de Planejamento e Gestão da Investigação Policial.* Olinda: Livro Rápido, 2012; PEREIRA, Eliomar da Silva. *Op. cit.*

3 Whistleblowing

Não podemos discutir *whistleblowing* (ato de reportar às autoridades fatos relevantes ou irregularidades) ou *whistleblower* (instituto de reporte de denúncias) sem contextualizar com o Projeto de Lei nº 882/2019, apresentado pelo Poder Executivo em 19.02.2019, atualmente em tramitação no Congresso Nacional.

O referido projeto de lei, de autoria do Senhor Ministro da Justiça Sérgio Moro, busca incentivar a denúncia de crimes por meio de recompensa financeira, inspirado na legislação estadunidense, alterando os termos da Lei nº 13.608, de 10.01.2018, publicada no *DOU* em 11.01.2018, cuja transcrição se faz necessária:

> Dispõe sobre o serviço telefônico de recebimento de denúncias e sobre recompensa por informações que auxiliem nas investigações policiais; e altera o art. 4º da Lei nº 10.201, de 14 de fevereiro de 2001, para prover recursos do Fundo Nacional de Segurança Pública para esses fins.
>
> O PRESIDENTE DA REPÚBLICA Faço saber que o Congresso Nacional decreta e eu sanciono a seguinte Lei:
>
> Art. 1º As empresas de transportes terrestres que operam sob concessão da União, dos Estados, do Distrito Federal ou dos Municípios são obrigadas a exibir em seus veículos, em formato de fácil leitura e visualização:
>
> I – a expressão "Disque-Denúncia", relacionada a uma das modalidades existentes, com o respectivo número telefônico de acesso gratuito;
>
> II – expressões de incentivo à colaboração da população e de garantia do anonimato, na forma do regulamento desta Lei.
>
> Art. 2º Os Estados são autorizados a estabelecer serviço de recepção de denúncias por telefone, preferencialmente gratuito, que também poderá ser mantido por entidade privada sem fins lucrativos, por meio de convênio.
>
> Art. 3º O informante que se identificar terá assegurado, pelo órgão que receber a denúncia, o sigilo dos seus dados.
>
> Art. 4º A União, os Estados, o Distrito Federal e os Municípios, no âmbito de suas competências, poderão estabelecer formas de recompensa pelo oferecimento de informações que sejam úteis para a prevenção, a repressão ou a apuração de crimes ou ilícitos administrativos.
>
> Parágrafo único. Entre as recompensas a serem estabelecidas, poderá ser instituído o pagamento de valores em espécie.
>
> Art. 5º O *caput* do art. 4o da Lei no 10.201, de 14 de fevereiro de 2001, passa a vigorar acrescido dos seguintes incisos VI e VII:

"*Art. 4º* A União, os Estados, o Distrito Federal e os Municípios, no âmbito de suas competências, poderão estabelecer formas de recompensa pelo oferecimento de informações que sejam úteis para a prevenção, a repressão ou a apuração de crimes ou ilícitos administrativos.

....

VI – serviço telefônico para recebimento de denúncias, com garantia de sigilo para o usuário;

VII – premiação, em dinheiro, para informações que levem à *resolução de crimes.*
...." (NR)

Art. 6º Esta Lei entra em vigor na data de sua publicação.

Brasília, 10 de janeiro de 2018; 197º da Independência e 130º da República.

MICHEL TEMER

Gustavo do Vale Rocha

Vejamos a proposta do projeto de lei enviada ao Congresso com grifos nossos:

XIX) Introdução do "informante do bem" ou do whistleblower:

Mudanças na Lei nº 13.608/2018:

"Art. 4º-A. A União, os Estados, o Distrito Federal e os Municípios e suas autarquias e fundações, empresas públicas e sociedades de economia mista, manterão unidade de *ouvidoria ou correição*, para assegurar a qualquer pessoa o direito de relatar informações sobre crimes contra a Administração Pública, ilícitos administrativos ou quaisquer ações ou omissões lesivas ao interesse público.

Parágrafo único. Considerado razoável o relato pela unidade de *ouvidoria ou correição*, e procedido o encaminhamento para apuração, ao informante será assegurada proteção integral contra retaliações e estará isento de responsabilização civil ou penal em relação ao relato, salvo se tiver apresentado, de modo consciente, informações ou provas falsas." (NR)

"Art. 4º-B. O informante tem o direito de preservação de sua identidade, a qual apenas será revelada em caso de *relevante interesse público* ou interesse concreto para a apuração dos fatos.

§1º Se a revelação da identidade do informante for imprescindível no curso de processo cível, de improbidade ou penal, a autoridade processante poderá determinar ao autor que opte entre a revelação da identidade ou a perda do valor probatório do depoimento prestado, ressalvada a validade das demais provas produzidas no processo.

§2º Ninguém poderá ser condenado apenas com base no depoimento prestado pelo informante, *quando mantida em sigilo a sua identidade*.

§3º A revelação da identidade somente será efetivada mediante comunicação prévia ao informante, com prazo de trinta dias, e com sua concordância." (NR)

"Art. 4º-C. Além das medidas de proteção previstas na Lei nº 9.807, de 13 de julho de 1999, é assegurada ao informante proteção contra ações ou omissões praticadas em retaliação ao exercício do direito de relatar, tais como demissão arbitrária, alteração injustificada de funções ou atribuições, imposição de sanções, de prejuízos remuneratórios ou materiais de qualquer espécie, retirada de benefícios, diretos ou indiretos, ou de negativa de fornecimento de referências profissionais positivas.

§1º A prática de ações ou omissões de retaliação ao informante configura falta disciplinar grave, sujeitando o agente à demissão a bem do serviço público.

§2º O informante será ressarcido em dobro por eventuais danos materiais causados por ações ou omissões praticadas em retaliação, sem prejuízo de danos morais.

§3º Quando as informações disponibilizadas resultarem em recuperação de produto de crime contra a Administração Pública, poderá ser fixada *recompensa* em favor do informante em até 5% (cinco por cento) o valor recuperado." (NR)

O projeto de lei pretende criar ferramentas para que os órgãos de persecução penal possam combater com mais eficiência os crimes envolvendo agentes públicos (inspirado na legislação estadunidense onde encontra sérias críticas),[6] apresenta, no nosso entendimento, contradições e grave cerceamento aos direitos e garantias constitucionais.

A *primeira contradição* está na possibilidade de a identidade do denunciante ser "revelada em caso de relevante interesse público ou interesse concreto para a apuração dos fatos".

---

[6] São inúmeros os artigos acadêmicos que apontam as disfuncionalidades do instituto nos EUA. Vejam-se, por todos: STUNTZ, William J. The Collapse of American Criminal Justice. Disponível em: https://www.jslor.org/stable/j.ctt2jbthl; ROBERTS, Paul Craig; STRATTON, Lawrence M. *The Tyranny of Good Intentions*: How Prosecutors and Law Enforcement Are Trampling the constitution in the Name of Justice. New York: The Rivers Press, 2000; LANGER, Maximo. Rethinking Plea BarSaining: The practice and Reform of Prosecutorial Adjudication in American Criminal Procedure. *American Journal of Criminal Law*, v. 33, p. 223, 2006); CRESPO, Andrew Manuel. The Hidden Law of Plea Bargainin. *Columbia Law Review*, v. 118, p. 1303, 2018. Disponível em: https://columbialawreview.org/content/the-hidden-law-of-plea-bargainig/. Há, ainda, um movimento de magistrados demandando modificações na sua utilização. Nesse sentido, uma das vozes mais expoentes é a do *Senior Federal Judge* Jed S. Rakoff, como se vê no artigo (https://www.nybooks.com/articles/2014/11/20/why-innocent-people-plead-guilty/) e na entrevista (https://www.youtube.com/watch?v=hVFcMiCjHrg) referidos.

Não nos parece razoável que uma pessoa faça uma denúncia contra outra ou um grupo de pessoas, sobre a prática de crimes, confiando que sua identidade (consequentemente sua localização e suas relações parentais) *não será* divulgada. Essa certeza é o que lhe dá coragem, pois com o anonimato estará garantido contra retaliações e ameaças de toda sorte.

Entretanto, o texto apresentado faz uma ressalva de que a identidade poderá ser revelada quando houver "relevante interesse público" ou "interesse concreto para a apuração dos fatos", SEM qualquer definição *clara e objetiva* do que seriam estes "interesses".

O legislador deixa ao critério do agente público encarregado das apurações. Entendemos como uma absurda demonstração do que os operadores do direito denominam insegurança jurídica, especialmente quando um agente público recebe poderes de execução de determinados atos, fundamentado apenas na sua discricionariedade, cujas consequências podem resultar na perda da vida de uma pessoa, no caso, o denunciante ou *whistleblower*.

A *segunda contradição* está estampada no §1º, quando mais uma vez o anonimato do denunciante é colocado em risco, pois no caso de ação cível ou de improbidade administrativa, havendo necessidade de identificar o denunciante, ele será comunicado se aceita ou não, entretanto, em caso negativo de aceitação, ele deverá *restituir a recompensa* obtida em decorrência de sua denúncia.

Novamente temos um absurdo. Se a lei tem como objetivo estimular a denúncia de atos ilícitos, oferecendo uma recompensa (dinheiro) além da garantia de não identificação do denunciante para que o mesmo não seja prejudicado ou ameaçado de qualquer forma, não temos como admitir nenhuma forma de revogar o anonimato do denunciante.

Diante destas contradições, entendemos, com as devidas vênias ao autor do projeto, que a adoção de um modelo ou ferramenta de persecução penal utilizado em uma cultura diferente da nossa não nos parece a melhor solução.

Nossa cultura (ou costume) de não apontar erros ou denunciar irregularidades não se coaduna com o *whistleblower* na forma em que está proposto. De outro giro, não podemos deixar de lembrar que a Lei nº 12.850/2013 que estabeleceu o instituto da delação premiada concedendo várias garantias aos colaboradores vem sendo solenemente ignorada[7] pelos órgãos encarregados da persecução penal (PF, MPF ou Judiciário), diante da divulgação da identidade e dos próprios atos de colaboração, o que entendemos como um absurdo sem igual.

Portanto, se tendo uma legislação que determina a preservação da identidade da colaboração esta não é respeitada, uma legislação "aberta" ou subordinada ao humor do agente público detentor das informações, a sua utilização resultará em desastre para o *whistleblower* e seus parentes ou amigos.

Conclusão

Terminando nossa reflexão sobre os temas expostos, podemos concluir com a afirmação de que a existência e utilização de um canal de denúncias devidamente estruturado permitirá que a empresa receba importantes, e muitas vezes indispensáveis, dados e informações para a ocorrência e identificação de inconsistências, irregularidades e seus responsáveis.

Conforme já mencionado, a afirmação é validada por meio de pesquisas e estudos que lastreiam e corroboram nosso entendimento.

Entretanto, não basta um canal de denúncias estruturado e atuante. Ele é apenas uma das ferramentas de um Programa de *Compliance* efetivo e eficaz. Precisamos conhecer e saber utilizar os métodos e técnicas de *investigação* para trabalhar os dados e informações obtidos via canal de denúncias.

Essa investigação, que pode ter vários objetivos (lembrando: prevenção, apuração, inteligência), precisa ser feita por pessoas capacitadas, de forma séria e formalizada, sempre respeitando as garantias constitucionais, especialmente a integridade física, psíquica e social das pessoas envolvidas.

Ainda ligado ao tema da investigação, surge uma polêmica acerca da inclusão no nosso sistema legislativo da figura do *whistleblower*, que acreditamos, apesar das intenções, não guarda respeito às garantias constitucionais nem aos costumes da nossa sociedade.

---

[7] Art. 5º São direitos do colaborador:
   I – usufruir das medidas de proteção previstas na legislação específica;
   II – ter nome, qualificação, imagem e demais informações pessoais preservados;
   III – ser conduzido, em juízo, separadamente dos demais coautores e partícipes;
   IV – participar das audiências sem contato visual com os outros acusados;
   V – não ter sua identidade revelada pelos meios de comunicação, nem ser fotografado ou filmado, sem sua prévia autorização por escrito);
   VI – cumprir pena em estabelecimento penal diverso dos demais corréus ou condenados.

Por fim, não temos a pretensão de exaurir um tema tão pouco conhecido, discutido e apaixonante, pois, afinal, quem nunca quis elucidar um crime?

Assim, apresentamos no Apêndice F sugestões para condução de uma investigação, que devem ser utilizadas apenas como base, sendo ampliadas e alteradas conforme a necessidade ou objetivo da sua investigação e que poderão ser aplicadas em um Programa de *Compliance* ou apuração de inconsistência e irregularidades de sua organização.

Referências

BRASIL. Lei nº 12.846, de 1º de agosto de 2013. Dispõe sobre a responsabilização administrativa e civil de pessoas jurídicas... *Diário Oficial [da] República Federativa do Brasil*, Brasília, DF, 1º ago. 2013. Disponível em: http://www2.camara.leg.br/legin/fed/lei/2013/lei-12846-1-agosto-2013-776664-publicacaooriginal-140647-pl.html.

BRASIL. *Lei nº 13.608*, de 10 de janeiro de 2018. Dispõe sobre o serviço telefônico de recebimento de denúncias e sobre recompensa por informações que auxiliem nas investigações policiais; e altera o art. 4º da Lei nº 10.201, de 14 de fevereiro de 2001, para prover recursos do Fundo Nacional de Segurança Pública para esses fins. Disponível em: http://www.planalto.gov.br/ccivil_03/_Ato2015-2018/2018/Lei/L13608.htm. Acesso em: 02 abr. 2019.

CUEVA, Ricardo Villas Bôas; FRAZÃO, Ana (Coord.). *Compliance, perspectivas e desafios dos programas de conformidade*. Belo Horizonte: Fórum, 2018.

GIOVANINI, Wagner. *Compliance*: a excelência na prática. São Paulo, 2014.

LOURENÇO, Luana. *Whistleblower*: Análise da proteção do denunciante de boa-fé à luz da Lei 13.608/18 e da Lei 12.846/13. Trabalho de Conclusão de Curso da Pós-Graduação em Direito Empresarial com Especialização em Compliance Avançado. FGV Direito Rio, 2018. Disponível em: https://www.migalhas.com.br/dePeso/16,MI287117,21048-Whistleblower+Analise+da+protecao+do+denunciante+de+boafe+a+luz+da. Acesso em: 14 abr. 2019.

MENEZES, Romero. *Manual de Planejamento e Gestão da Investigação Policial*. Olinda: Livro Rápido, 2012.

PEREIRA, Eliomar da Silva. *Teoria da investigação criminal* – uma introdução jurídico-científica. São Paulo: Almedina, 2010.

Informação bibliográfica deste texto, conforme a NBR 6023:2018 da Associação Brasileira de Normas Técnicas (ABNT):

BRANDÃO, Daniel. Canal de denúncias, investigação e *whistleblowing*. In: COLA, Cristiane Petrosemolo; LOURENÇO, Luana. *Compliance para pequenas e médias empresas*: aportes teóricos e práticos para gestores, docentes e discentes. Belo Horizonte: Fórum, 2021. p. 103-120. ISBN 978-65-5518-123-4.

POSFÁCIO

Meus caros leitores,
A mim, coube o honroso papel de colaborar com o posfácio desta importante obra.

Toda a temática que compôs este trabalho foi didaticamente desenvolvida pelos autores e pela coordenadora e, por certo, se tornará referência para os estudos sobre ética, *compliance* e integridade.

Assim, reservarei estas linhas para tratar sobre o ponto de conexão entre os autores e, verdadeiramente, a razão de ser do presente livro. Refiro-me ao Instituto Compliance Rio (ICRio) e ao seu grupo de trabalho Diagnóstico de Integridade para Micro e Pequenas Empresas.

Pois bem, o ICRio, associação civil de direito privado, sem fins lucrativos nem filiação partidária, de caráter científico, técnico e pedagógico, fundado em 27.02.2018, que tem entre seus objetivos estatutários a realização de pesquisas e o desenvolvimento de estudos relativos à prática dos princípios éticos, da boa governança privada e pública e das melhores políticas e procedimentos de integridade e *compliance*, tem o orgulho de contar com os autores como seus associados, alguns desde a sua fundação.

Um dos instrumentos mais efetivos de que dispõe o Instituto para alcançar sua missão é a constituição de comissões temáticas, que podem se organizar, como é o caso em tela, por meio de grupos de trabalho.

Aproximadamente 60% dos associados do ICRio compõem de forma simultânea suas comissões. Isso representa efetiva participação dos associados na gestão do Instituto e, ao mesmo tempo, produção de conhecimento dos associados para os associados e também para as sociedades carioca e brasileira.

Neste sentido, nesses menos de 2 anos de vida do ICRio, já foram constituídos mais de 10 grupos de trabalho, que desenvolveram pesquisas sobre temática diversa, como a Lei Geral de Proteção de Dados, Prevenção à Lavagem de Dinheiro, Lei das Estatais e *Compliance*, *Compliance* e Esportes, Governança e *Compliance*, entre outros.

Nesse conjunto de temas, um dos mais nobres é o *Compliance* para as Micro e Pequenas Empresas (MPEs). Não por outra razão, o GT

Questionários de Integridade para MPE foi um dos primeiros a serem instituídos no ICRio.

Tal natureza precursora se confirma na publicação da presente obra. Em que pesem as duas edições da *Revista do ICRio* (disponíveis em www.icrio.org), que representa canal de divulgação oficial dos artigos de nossos associados, o livro ora lançado corresponde ao primeiro composto fundamentalmente por associados do Instituto.

Por óbvio, esta iniciativa nos enche de orgulho e confere certeza que o ICRio está no caminho correto, na medida em que promove entre seus associados a importância da produção acadêmica e científica em temas relativos aos seus objetivos estatutários. Ademais, traz concretude ao seu princípio fundamental, de entregar à sociedade conhecimento de qualidade e relevância.

Estou certo que a leitura será proveitosa e que este livro significará um marco na temática do *compliance*, ética e integridade.

Setembro de 2020.

Leandro de Matos Coutinho
Advogado e presidente do ICRio.

APÊNDICES

APÊNDICE A

QUESTIONÁRIO DE AUTODIAGNÓSTICO DE *COMPLIANCE*

Abordagem e Escopo
Este questionário tem como objetivo auxiliar a alta administração ou o *compliance officer* designado a identificar (ou mensurar) o nível de maturidade de *compliance* na sua organização. Como resultado, será possível identificar a existência de mecanismos de *compliance* e conhecer a sua percepção em termos de compromisso e cultura.

Termos e definições
Compliance - conjunto de mecanismos tendentes ao cumprimento de normas legais e regulamentares, políticas e diretrizes estabelecidas para o negócio e para as atividades da organização.

Organização
Pessoa ou grupo de pessoas com suas próprias funções, com responsabilidades, autoridades e relações para atingir seus objetivos.

Parte interessada (*stakeholder*)
Pessoa ou organização que pode afetar, ser afetada ou se perceber afetada por uma decisão ou atividade da organização.

Risco
Efeito da incerteza sobre os objetivos.

Objetivo
Resultado a ser atingido.

Relação
Risco X Consequência/Dano.

Empregado
Indivíduo em um relacionamento reconhecido como uma relação de trabalho em uma lei ou prática nacional.

Cultura de *compliance*
Valores, ética e crenças que existem em toda a organização e interagem com as estruturas da organização e sistemas de controle, para produzir normas de comportamento que são favoráveis aos resultados de *compliance*.

Como responder:

Risco - *Notas - 1 (baixo), 2 (médio) e 3 (alto)*
Deve ser respondida conforme seu entendimento sobre o assunto, podendo variar de 1 (baixa probabilidade de concretizar o OBJETIVO) até 3 (alta).

Dano - *Notas de 3 (baixo), 2 (médio) e 3 (alto)*
Deve ser respondida conforme seu entendimento no caso de ocorrência de um problema, a CONSEQUÊNCIA para a organização, podendo variar de: 1 (baixo impacto) até 3 para o caso de alto impacto (paralisação das atividades por exemplo).

(continua)

Número	Pilar	Pergunta	RISCO BAIXO	RISCO MÉDIO	RISCO ALTO	RESULTA	CONSEQUÊNCIA / DANOS ALTA	CONSEQUÊNCIA / DANOS MÉDIA	CONSEQUÊNCIA / DANOS BAIXA
1	Governança e Cultura de compliance	A empresa está comprometida com *Compliance*?							
2	Governança e Cultura de compliance	Possui uma cultura de *Compliance* adequadamente implementada?							
3	Governança e Cultura de compliance	Existe um programa de *Compliance* efetivo?							
4	Governança e Cultura de compliance	Você sofre/sofreu pressão de seus pares e superiores para agir em desacordo com o código de conduta nos últimos 6 meses?							
5	Governança e Cultura de compliance	Existe uma cultura de *Compliance* implementada na empresa?							
6	Governança e Cultura de compliance	A empresa está comprometida com *Compliance*?							
7	Governança e Cultura de compliance	Executivos reforçam periodicamente que o *compliance* é essencial para o sucesso da estratégia da Organização?							
8	Governança e Cultura de compliance	*Compliance* é parte integrante do dia a dia das decisões?							
9	Governança e Cultura de compliance	Área de *Compliance* é vista como parte integrante do negócio ou simplesmente como custo?							
10	Governança e Cultura de compliance	A empresa frequentemente comunica o comprometimento com *compliance*, permitindo a adequada capacitação de seus funcionários e parceiros de negócio nos aspectos relacionados ao tema *compliance*, considerando os princípios e os valores éticos, bem como as boas práticas de mercado e os potenciais riscos relacionados?							
11	*Compliance Risk Assessment*	Existe um inventário das regulamentações atualizado que possa impactar a sua Empresa?							
12	*Compliance Risk Assessment*	Você conhece os principais riscos de *Compliance*?							
13	*Compliance Risk Assessment*	Você confia nos processos de gestão de riscos de *Compliance* da sua Empresa?							
14	*Compliance Risk Assessment*	Riscos de *Compliance* foram materializados nos últimos 6 meses provocando impacto na sua Empresa?							
15	*Compliance Risk Assessment*	Na sua visão, a Empresa possui um nível adequado de *Compliance* em relação a leis e regulamentos?							
16	Pessoas e Estrutura	Você conhece o Head de *Compliance* da sua Empresa?							
17	Pessoas e Estrutura	A estrutura, função, papéis e responsabilidades de *Compliance* suportam o funcionamento do Programa de *Compliance* de sua Empresa?							

(continua)

Número	Pilar	Pergunta	RISCO BAIXO	RISCO MÉDIO	RISCO ALTO	RESULTA	CONSEQUÊNCIA / DANOS ALTA	CONSEQUÊNCIA / DANOS MÉDIA	CONSEQUÊNCIA / DANOS BAIXA
18	Pessoas e Estrutura	Você foi orientado sobre como deve se relacionar/interagir com agentes públicos?							
19	Pessoas e Estrutura	Você tem conhecimento sobre medidas disciplinares aplicadas a profissionais que apresentaram condutas impróprias?							
20	Pessoas e Estrutura	Você conhece o código de conduta da sua Empresa?							
21	Pessoas e Estrutura	Você consultou o código de conduta nos últimos 6 meses?							
22	Pessoas e Estrutura	Você conhece as Políticas de *Compliance*/Anticorrupção?							
23	Pessoas e Estrutura	Você consultou as Políticas de *Compliance*/Anticorrupção nos últimos 6 meses?							
24	Pessoas e Estrutura	Existe um processo de revisão, aprovação e divulgação (gerenciamento) das principais políticas e procedimentos?							
25	Pessoas e Estrutura	A Empresa está adequadamente suportada com políticas e procedimentos para os processos críticos?							
26	Pessoas e Estrutura	Que estrutura existe hoje para atender às necessidades de *Compliance* da EMPRESA?							
27	Pessoas e Estrutura	Na sua opinião esta estrutura é eficiente para fazer a gestão dos principais riscos de *Compliance*?							
28	Pessoas e Estrutura	A função de *compliance* é autônoma e independente, está estabelecida para coordenar e monitorar as atividades de *compliance* e suas responsabilidades claramente definidas?							
29	Pessoas e Estrutura	Quem possui responsabilidade sobre o tema *Compliance* na EMPRESA? Trata-se de responsabilidade formalmente definida e cobrada?							
30	Pessoas e Estrutura	Recursos adequados foram destinados ao *compliance* para exercer suas funções?							
31	Pessoas e Estrutura	Em sua opinião, quais perfis de pessoas deveriam ter envolvimento direto com a asseguração de *Compliance*?							
32	Pessoas e Estrutura	Você conhece o comitê de ética ou *compliance* e sua forma de atuação?							
33	Pessoas e Estrutura	O Comitê de Ética está implementado e adequadamente estabelecido, incluindo sua formalização por meio do regimento interno aprovado pelos executivos da organização?							
34	Treinamento e Comunicação	Da forma como está estabelecido, você entende que é eficiente?							
35	Treinamento e Comunicação	Você recebeu treinamento do Programa de *Compliance* nos últimos 12 meses?							

(continua)

Número	Pilar	Pergunta	RISCO BAIXO	RISCO MÉDIO	RISCO ALTO	RESULTA	CONSEQUÊNCIA / DANOS ALTA	CONSEQUÊNCIA / DANOS MÉDIA	CONSEQUÊNCIA / DANOS BAIXA
36	Treinamento e Comunicação	Você recebeu treinamento do código de conduta nos últimos 12 meses?							
37	Treinamento e Comunicação	Você é constantemente incentivado a aperfeiçoar os seus conhecimentos de Conduta e *Compliance*?							
38	Treinamento e Comunicação	Existe um plano anual de educação e treinamento que aborde os principais temas e os riscos de *compliance*/ para os funcionários e os parceiros de negócio conforme sua exposição a riscos?							
39	Treinamento e Comunicação	O material de treinamento foi desenvolvido considerando os principais riscos de *compliance* da organização?							
40	Treinamento e Comunicação	Cada integrante entende seu papel e sua responsabilidade dentro do Programa de *Compliance*?							
41	Treinamento e Comunicação	Os funcionários e parceiros de negócios estão adequadamente treinados e informados sobre os principais temas de *Compliance*, como, por exemplo, código de ética e conduta, anticorrupção, conflito de interesse, segurança da informação, lavagem de dinheiro, recebimento e oferecimento de presentes e hospitalidade, doações e patrocínios, facilitação de pagamentos, canal de denúncia e medidas disciplinares, entre outros temas correlacionados?							
42	Treinamento e Comunicação	No seu entendimento, o que poderia e o que precisa ser melhorado neste sentido?							
43	Tecnologia e *Data Analytics*	O Programa de *Compliance* está suportado por tecnologia?							
44	Tecnologia e *Data Analytics*	Indicadores são considerados para monitorar a aderência e efetividade do Programa de *Compliance* (Exemplos: KRIs e KPIs)?							
45	Monitoramento e Testes	Existe um processo eficiente de Gestão de Risco de Terceiros na sua Empresa?							
46	Monitoramento e Testes	Procedimentos de *Due Diligence* são executados para avaliação de terceiros? (Clientes, Fornecedores, Despachantes, entre outros)							
47	Monitoramento e Testes	Existe um processo eficiente para a Gestão das Licenças e Certidões? (Por exemplo: ambiental, operações etc.)?							
48	Monitoramento e Testes	Sua área passa/passou por alguma avaliação periódica de *Compliance*							
49	Investigações Internas e Linha Ética	Você conhece a Linha Ética (canal de denúncia)?							

(conclusão)

Número	Pilar	Pergunta	RISCO			RESULTA	CONSEQUÊNCIA / DANOS		
			BAIXO	MÉDIO	ALTO		ALTA	MÉDIA	BAIXA
50	Investigações Internas e Linha Ética	Você confia nesse canal para relatar desvios de conduta e/ou fraudes?							
51	Investigações Internas e Linha Ética	Procedimentos de investigação são executados para apurar eventuais relatos da Linha Ética (Canal de Denúncia)?							
52	Investigações Internas e Linha Ética	Você tem conhecimentos de desvios de conduta e/ou fraudes que não foram reportados e/ou endereçados?							
53	Investigações Internas e Linha Ética	Você tem conhecimento de pagamentos indevidos realizados? (Por exemplo: propinas/taxa de urgência)?							
54	Reporte	O tema *Compliance* é discutido e/ou reportado nas reuniões do seu departamento?							
55	Reporte	O tema *Compliance* é discutido e/ou reportado nas reuniões de diretoria?							
56	Reporte	Você tem conhecimento sobre discussão do tema *Compliance* no Comitê de Auditoria e/ou Conselho de Administração?							
57	Reporte	Existe hoje, em sua opinião, um sistema efetivo e adequado para o monitoramento e reporte de *Compliance* na EMPRESA que contemple assuntos relacionados à Gestão dos Riscos de *Compliance*? Exemplo: avaliação de riscos, treinamentos, denúncias e investigações, recursos e pessoas, plano anual, entre outros assuntos correlacionados?							
58	Reporte	O monitoramento dos riscos de *compliance* é realizado em frequência claramente definida e os planos de ação são definidos para melhorar o processo?							
59	Reporte	Você conhece os Indicadores de Desempenho da área de *compliance*?							
60	Reporte	Como as metas da área de *compliance* estão relacionadas ao negócio?							
61	Reporte	Os indicadores de desempenho são utilizados para monitorar a *performance* dos riscos de *compliance* e são reportados aos níveis adequados?							
62	Reporte	Os planos de ação são apropriadamente monitorados pelos executivos seniores?							
63	Reporte	O Programa de Ética e *Compliance* está implementado e os executivos seniores monitoram a aderência do ambiente de controle da organização em relação aos principais riscos? São realizados testes de aderência periódicos?							
64	Reporte	"Na sua opinião o que precisa ser melhorado na empresa para ter um programa de *compliance* efetivo?"							

Políticas e procedimentos

Existe um processo estabelecido para a gestão das políticas e procedimentos permitindo a identificação e/ou necessidade de novas políticas/procedimentos?

Que políticas e procedimentos existem hoje para atender às necessidades de Compliance da empresa?

Revisões periódicas para assegurar a conformidade com os aspectos regulatórios fazem parte das boas práticas da organização? Estão adequadas e atualizadas?

Há um processo formalmente estabelecido para capturar eventuais alterações nos ambientes de compliance que promova a atualização tempestiva das políticas e dos procedimentos?

É feita a divulgação de políticas aos funcionários, incluindo a disponibilização do conteúdo de forma prática, assegurando que os funcionários estão cientes de suas responsabilidades e eventuais medidas disciplinares?

Canal de denúncia, investigações e medidas disciplinares

Existe um canal de denúncias implementado?

Foi designado um responsável pela gestão deste canal de comunicação?

São realizadas comunicações periódicas para incentivar o público interno e externo na utilização adequada da linha ética?

Este canal de comunicação assegura o anonimato e tem alcance a todos os funcionários e público externo?

Você conhece as ferramentas e metodologias utilizadas no processo de apuração dos relatos?

Após a apuração dos relatos, como as potenciais violações são analisadas?

Para as violações significativas, qual o processo para comunicação às autoridades competentes e aos responsáveis EMPRESA, quando aplicável?

No seu entendimento, o que poderia e o que precisa ser melhorado neste sentido?

A empresa estimula nos programas de remuneração variáveis o cumprimento do programa de Compliance?

APÊNDICE B

CAPÍTULO 2:
QUESTIONÁRIO DE AUTOAVALIAÇÃO NO PROCESSO DE INTEGRAÇÃO GRC

Tendo por objetivo fundamental delinear um conjunto de competências que permitam a organizações atingirem seus objetivos enquanto lidam com incertezas e agem com integridade, listaram-se temáticas e itens relevantes, devendo estes serem considerados, tanto quanto um programa GRC, dentro de um pensamento integrado e interdependente.

Serão considerados, para a lógica das PME, apenas três níveis integrativos, de modo a simplificar a leitura do nível de conformidade comparativamente aos demais formulários:

a) *Avançada – estágio superlativo do processo, onde métricas imprimem um caráter preditivo e de alto desempenho à organização.*

b) *Gerenciada – estágio adequado de adequação, onde eficiência e celeridade se tornam evidentes no contexto empresarial.*

c) *Não aplicável ou Em silos – os elementos constituintes do GRC não existem ou se encontram em nível embrionário, desprovido de conexão.*

Todo o trabalho terá como fundamentos os seguintes princípios: *compromisso da diretoria, níveis de desempenho e riscos aceitáveis, expectativas e métricas, envolvimento de stakeholders* e *orçamento e recursos.*

Adicionalmente, serão priorizadas as seguintes competências:
- estruturas organizacionais e de governança;
- cultura do risco e *compliance;*
- implementação de gestão do programa GRC;
- gerenciamento de tecnologia GRC.

Considerando apenas processos efetivos, e não tecnologias voltadas para uma integração GRC, responda às questões a seguir selecionando a opção que mais se aproxime da realidade da sua empresa:

1. A organização possui políticas de *compliance* específicas para as temáticas (não necessariamente divisões) de TI, segurança, financeiro, continuidade de negócios, auditoria e regulatório? Estas políticas recaem sobre a gestão direta de cada área?
   a. Sim, e as políticas e gestão recaem sobre um diretor unificador, como um *Compliance Officer*;
   b. Sim, mas as políticas e gestão recaem sobre um gestor departamental, como um *head* do jurídico ou líder de auditoria, sendo que não há unificação de todas as áreas perante a estratégia global do negócio;
   c. Não temos definição de políticas de *compliance* ou governança baseadas em uma análise de risco, ou mesmo estudo dos riscos em ao menos uma das áreas da empresa.

2. Caso existentes, as áreas ou atividades de risco e *compliance* das diferentes unidades da organização possuem qual frequência de interação entre si?
   a. Permanente, com estratégia clara e ações assertivas tomadas em conjunto, *top-down*, com hierarquia estruturada* no organograma da organização e comunicação clara para todos os funcionários;
   b. Permanente e com ações assertivas tomadas em conjunto, embora não haja hierarquia estruturada* no organograma da organização;
   c. Inexiste tal interação, e não há mudanças procedimentais na organização, exceto quando da implementação de programa avulso sem *follow-up* e sem reporte definido.

*Leia-se como "hierarquia estruturada" uma área, conselho ou **officer** especificamente designado para a função de leitura de riscos, gestão de governança e compliance.*

3. Caso existente, a tecnologia responsável pela gestão de riscos, *compliance* e governança oferece métricas constantes, permitindo ajustes relacionados à otimização de processos,

mitigação de riscos ou incremento de produtividade? *Caso não exista nenhum tipo de ferramenta neste sentido, prosseguir para o item 4.*
   a. Sim, com análise preditiva e correlação integrada entre todas as áreas da organização;
   b. Sim, sem análise preditiva, porém com métricas que permitem a tomada de decisão estratégica panorâmica da organização;
   c. Sim, separada por departamentos ou áreas, permitindo a tomada de decisão local.

4. Existe um programa de GRC – mesmo que não receba esta denominação, ou que não possua um suporte tecnológico – capaz de fornecer insumos decisórios para um Comitê de GRC? *Caso não exista nenhum tipo de ferramenta neste sentido, prosseguir para o item 5.*
   a. Sim, e o programa – ou conjunto de processos – alimenta um banco de dados conjunto de todas as áreas da organização, e sob o prisma da Governança, *Compliance* e Riscos permite, além da tomada de decisões estratégicas, a implementação de educação corporativa voltada ao atendimento dos *gaps*.
   b. Sim, e o programa – ou conjunto de processos – alimenta um banco de dados conjunto de todas as áreas da organização, e sob o prisma da Governança, *Compliance* e Riscos permite a tomada de decisões estratégicas, sem reflexos educacionais, mas com mudanças efetivas estimuladas pela liderança estratégica.
   c. Sim, e o programa – ou conjunto de processos – alimenta diferentes bancos de dados de áreas específicas da organização, e sob o prisma da Governança, *Compliance* e Riscos permite, por silo, identificar *gaps*.

5. Existe um programa de GRC tecnologicamente específico para tal propósito e ativo na organização? *Caso não exista nenhum tipo de ferramenta neste sentido, finalizar o preenchimento do formulário.*
   a. Sim, sendo certo que participa diretamente da cultura interna, refletindo diretamente em processos amplamente conhecidos, ações reiteradamente propaladas pela estratégia e acessíveis pela totalidade dos colaboradores e *stakeholders* via endomarketing e comunicação exógena;

b. Sim, sendo certo que participa diretamente da cultura interna, refletindo diretamente em processos amplamente conhecidos, ações reiteradamente propaladas pela estratégia e acessíveis pela totalidade dos colaboradores;
c. Sim, sendo certo que reflete diretamente em processos amplamente conhecidos e ações costumeiramente propaladas pela estratégia, na qual há algum nível de participação dos colaboradores, ainda que apenas passiva, como no acesso a treinamentos e aspectos de uma cultura corporativa ética.

Cálculo do resultado – *contar o número de opções 'a', que terá peso 5; o número de opções 'b', que terá peso 3; e o número de opções 'c', que terá peso 1.*

Faixas de conformidade de integração GRC:

Entre 0 e 6 – **áreas de Governança, Riscos e Compliance** *inexistentes, carentes ou isoladas em silos, impedindo uma visão abrangente e efetiva para a tomada de decisão estratégica;*
Entre 7 e 16 – *integração existente ou em consolidação, com medidas pendentes de adoção para permitir a redução do retrabalho e uma visão mais estratégica sobre o tema;*
Entre 17 e 25 – *alto nível de integração, diretamente conectado à cultura corporativa.*

CAPÍTULO 5:
MODELO DE CÓDIGO DE CONDUTA

A seguir, mostraremos um modelo de código de conduta. Cada Organização deve adaptar este documento de acordo com as necessidades de sua posição no mercado em que está inserida, sua estrutura organizacional, seus recursos e principalmente os riscos que foram mapeados na fase de *risk assessment*.

Convém utilizar este documento para reforçar a Missão, a Visão e os Valores da Organização, bem como demonstrar a participação e o engajamento da Alta Direção, utilizando-se uma mensagem da Diretoria na abertura do documento.

Primeira parte: cabeçalho

Esta parte inicial deve conter minimamente o nome do documento, logotipo ou nome da Organização que o desenvolveu, data em que foi desenvolvido ou revisado e número do documento. Recomenda-se que os nomes ou iniciais dos responsáveis pela elaboração, revisão e aprovação, bem como sua assinatura, sejam parte do documento.

Pode-se colocar nesta parte do documento: uma data para a próxima revisão; para quem se destina esse documento (a todos da organização, a determinado departamento, se é documento de acesso restrito ou público, por exemplo) e uma pequena descrição do documento.

Logotipo da Organização	Código de Conduta	Nº do documento: XXX (numeração contínua)	* Data da última revisão: XX/XX * (recomenda-se que seja feita pelo menos 1 revisão por ano)
Elaborado por:			
Revisado por:			
Aprovado por:			

Segunda parte – desenvolvimento do documento

Para melhor entendimento, estruturaremos o documento em seções. Um código de conduta deverá conter, minimamente, as seguintes seções: Objetivo e Abrangência; Definições ou Esclarecimentos; Diretrizes ou Responsabilidades; Sanções, Comunicação ou Treinamento ou Monitoramento.

Seção 1: Objetivo

Nesta parte do documento, deve-se descrever qual é o objetivo deste código de ética ou de conduta. Ainda nesta parte, pode-se definir a abrangência do documento ou separar em uma outra seção.

O objetivo desta política interna é estabelecer as diretrizes para a atuação e conduta dos Empregados, Administradores e Terceiros da Empresa "XPTO"...

Ou

O objetivo desta política é definir procedimentos para assegurar que todos os colaboradores, funcionários, sócios e demais prestadores de serviços entendam os requisitos gerais das leis anticorrupção vigentes no Brasil e no exterior, principalmente a Lei Anticorrupção Brasileira nº 12.846/2013.

Seção 2: Definições ou Esclarecimentos

Esta seção pode servir desde um glossário de termos utilizados, em ordem alfabética, como o exemplo a seguir:

Administradores: diretores, conselheiros e membros de comitês.
Corrupção: ação/resultado/efeito de corromper, dar suborno.
Licitação: Procedimento utilizado pelos órgãos da administração direta, os fundos especiais, as autarquias, as fundações públicas, as empresas públicas, as sociedades de economia mista e demais entidades controladas direta ou indiretamente pela União, Estados, Distrito Federal e Municípios para contratação de serviços ou produtos de terceiros.
(entre outros termos...)

Até uma lista resumida da legislação aplicável, como o exemplo a seguir:

- Decreto-Lei nº 2.484, de 7 de dezembro de 1940, que instituiu o Código Penal Brasileiro;
- Lei Federal Brasileira nº 12.846, de 1º de agosto de 2013, que dispõe sobre a responsabilização administrativa e civil de pessoas jurídicas pela prática de atos contra a administração pública, nacional ou estrangeira, e dá outras providências;
- Decreto nº 8.420, de 18 de março de 2015, que regulamenta a Lei nº 12.846/2013;
- Lei Americana de Combate à Corrupção no Exterior, a partir de 19 de dezembro de 1977 (FCPA);
- Lei Britânica Antissuborno do Reino Unido, a partir de 8 de abril de 2010 (UKBA);
- Convenção sobre o Combate à Corrupção de Funcionários Públicos Estrangeiros nas Transações Comerciais Internacionais da Organização de Cooperação e Desenvolvimento Econômico (OCDE), a partir de 23 de maio de 1997;
- Pacto Global das Nações Unidas, a partir de 26 de julho de 2000;
- e Pacto Empresarial pela Integridade e Contra a Corrupção, a partir de 22 de junho de 2006.

Outra alternativa é utilizar um código de ética ou conduta mais direto e objetivo. Desta forma utiliza-se esta seção, suprimindo a seção 4.
Esclarecimentos; como, por exemplo:
Deve haver rigoroso cumprimento dos requisitos legais, fiscais e trabalhistas estabelecidos pelos órgãos competentes e reguladores, por meio do cumprimento da legislação aplicável e pagamento das obrigações tributárias e trabalhistas competentes.

O relacionamento com os concorrentes deve ser pautado por respeito e observados os princípios éticos, evitando-se quaisquer ações e/ou práticas que possam caracterizar concorrência desleal, entre outros.

Não autorizamos e não toleramos o uso de práticas ilícitas, especialmente atos de corrupção, suborno e fraude, tanto nos processos internos como na realização de negócios com o público externo.

Não praticar e não compactuar com nenhum tipo de situação, quer ocorra de forma pontual ou recorrente, que envolva a prática de violência física ou psicológica, tais como preconceito, discriminação, ameaça, chantagem, assédio moral, assédio sexual ou qualquer outro ato contrário aos princípios éticos da Organização.

Seção 3: Diretrizes ou Responsabilidades

Nesta seção, deve-se descrever as normas de conduta ética esperadas de cada empregado, agente, representante ou administrador da Organização (a quem se destina ou aplica este documento).

Apenas iremos ilustrar algumas mais comuns a todas as Organizações, pois, como foi dito anteriormente, este documento é um modelo que deve ser adequado à Organização que irá utilizá-lo.

3.1 Relações com Órgãos Governamentais: deve-se definir neste item como os representantes da Organização deverão se relacionar com agentes públicos.

3.2 Relações com a Imprensa: este item deve existir apenas se há proibição de comunicação com a imprensa ou restrições do que pode ser comunicado, por exemplo.

3.3 Relações com Público Externo: divide-se este item em Clientes, Fornecedores e Concorrentes, para descrever qual conduta é esperada durante o relacionamento do representante da Organização com cada um deles.

3.4 Conflitos de Interesse: neste item, descreve-se o que a Organização entende como sendo um conflito de interesses e qual conduta é esperada quando um representante da Organização se deparar com uma situação assim descrita.

O conflito de interesse ocorre quando existe a possibilidade de confronto direto ou indireto entre os interesses pessoais dos colaboradores e os da Organização (e suas Controladas), que eventualmente possam comprometer ou influenciar de maneira indevida o desempenho de suas atribuições e responsabilidades, e se caracteriza por toda e qualquer vantagem material em favor do próprio colaborador e/ou de terceiros (parentes, amigos etc.), com os quais houve relação comercial, pessoal ou política.

Todo profissional deverá informar à empresa sobre qualquer potencial situação de conflito de interesses, buscando um representante do departamento de *compliance* ou sua gerência direta.

3.5 Informação privilegiada: neste item, deve-se definir como as informações internas e de terceiros deverão ser tratadas pelos representantes da Organização. Ao ingressar na empresa, todo profissional deve firmar termo de compromisso/confidencialidade, comprometendo-se a manter em sigilo todas as informações obtidas no decorrer de suas atividades.

3.6 Práticas Anticorrupção e Antissuborno: diversos países no mundo adotaram leis que combatem atos relacionados à prática de Corrupção com o intuito de proteger a integridade do ambiente de negócios, dos gastos de recursos públicos e combater atos que prejudiquem toda a sociedade. A maioria dessas leis requer, para a caracterização do ato ilícito, a participação de um Agente Público como destinatário de uma Vantagem Indevida, que lhe é meramente prometida, oferecida ou entregue por outro indivíduo interessado em uma ação ou omissão do Agente Público. Deve-se definir neste item como a Organização e seus representantes conduzirão seus negócios em estrita conformidade com a legislação local e global antissuborno e anticorrupção aplicável, bem como com a legislação aplicável às relações com Entidades Governamentais (nacionais e estrangeiras), incluindo a administração pública direta, indireta e fundacional.

3.7 Diversidades Étnicas, Socioeconômicas, Culturais, Religiosas e Sexuais: o tratamento digno, respeitoso e profissional deve ser imperativo em todas as interações e interlocuções. A Organização deve valorizar a diversidade e garantir a inclusão de todas as pessoas sem distinção, dando oportunidades de forma meritocrática, assegurando, ainda que cada um desenvolva seu potencial independentemente de suas diferenças culturais ou ideológicas, de opiniões, deficiências, gênero, cor, etnia, origem, convicções políticas, crenças religiosas, geração, estado civil, condição de sindicalização, classe social, orientação sexual ou grau de escolaridade.

3.8 Utilização de Sistemas de Informática, Telefones e Correios Eletrônicos: a Organização deverá definir todas as restrições de acesso e controle, informando, por exemplo, que o uso de aparelhos telefônicos da Organização ou de qualquer outro instrumento de comunicação deverá se dar exclusivamente para uso corporativo, respeitando-se as finalidades autorizadas pela lei e pelo Código de Ética. Sendo assim, sempre que, em uma comunicação, seu interlocutor enveredar por assuntos ou abordagens vedadas ou impróprias nos termos do Código de Ética, o representante da Organização deverá interromper a ligação ou comunicação, informando que a empresa não compactua com tais práticas sugeridas, propostas ou insinuadas pelo interlocutor e informar imediatamente ao departamento de *compliance*.

3.9 Brindes, hospitalidade, patrocínios e doações: doações, brindes, presentes e entretenimento podem representar riscos elevados de suborno e corrupção. A Organização deve estabelecer limites e exclusões a serem aplicados.

Outros itens podem ser incluídos nesta seção, como, por exemplo: contratação de funcionários; procedimentos em fusões e aquisições; legislação ambiental e segurança operacional, livros e registros contábeis, entre outros.

Seção 4 – Sanções

Nesta seção, não é necessário informar quais serão todas as penalidades aplicáveis a cada situação e sim informar que é inaceitável que o representante da Organização tenha conduta antiética e contrária à visão e aos valores da Organização, sendo passível de punições caso a caso. Nota: as punições devem ter um critério previamente estabelecido e, sempre que possível, divulgado para todos os possíveis atingidos. É importantíssimo que os critérios sejam isonômicos e imparciais e que seja garantida a não retaliação de um denunciante de um comportamento antiético.

Violações aos direcionamentos deste código de conduta, bem como à Lei nº 12.846/13 e outros dispositivos legais que tratem de assuntos relacionados a corrupção, serão devidamente apuradas e, se comprovada a transgressão, as medidas disciplinares e legais cabíveis serão aplicadas. Tratando-se de violações praticadas por colaboradores internos da Organização, as penalizações incluem advertências, suspensões, demissão e demais sansões previstas na lei. Violações praticadas por terceiros são passíveis de multas, rescisão contratual e acionamento judicial, dependendo da gravidade da infração. O departamento de *compliance* será o responsável por investigar as irregularidades, e o departamento de pessoal juntamente com a gerência operacional serão responsáveis pela aplicação da sanção. Garante-se preservação do anonimato do denunciante do comportamento antiético, de modo a evitar retaliações contra o mesmo, e lhe darão conhecimento das medidas adotadas.

Seção 5 – Comunicação ou Treinamento ou Monitoramento

Nesta seção, deve-se descrever qual atitude correta deverá ser adotada em uma determinada situação. Deve-se ainda informar a quem o representante da Organização deve recorrer, caso tenha alguma dúvida. Além disso, caso algum Colaborador detecte ou suspeite, de boa-fé, que potencialmente há violação deste Código de Ética ou das Políticas de *Compliance* da Organização, deverá comunicar o fato ao canal de denúncia disponível para tanto ou ouvidoria. Deve-se garantir que haja algum mecanismo de comunicação de denúncias, apuração isenta e critérios de aplicação das sanções.

Todos os representantes da Organização devem receber treinamento, cabendo aos responsáveis pelo *compliance* adequar a linguagem ao público-alvo. É importante que haja uma avaliação periódica do Código de Ética ou Conduta, para verificar sua eficácia e buscar oportunidades de aprimoramento.

APÊNDICE D

CAPÍTULO 5: MODELO DE POLÍTICA DE CONFLITO DE INTERESSES

Esta Política tem o objetivo de estabelecer diretrizes e orientar na identificação, declaração e resolução de situações que possam apresentar conflitos de interesse reais, potenciais ou aparentes.

Para fins desta Política, alguns termos devem ser entendidos da seguinte forma:
- Agente público: quem exerce função pública, de forma temporária ou permanente, com ou sem remuneração, por eleição, nomeação, designação, contratação ou qualquer forma de investidura ou vínculo, mandato, cargo, emprego ou função pública. Equipara-se a agente público quem trabalha para empresa prestadora de serviço contratada ou conveniada para a execução de atividade típica da Administração Pública.
- Familiares: pais, cônjuges, filhos, irmãos, avós, cunhados e primos de primeiro grau.
- Suborno: é o ato de dar ou receber alguma coisa de valor de forma a influenciar ou garantir inapropriadamente uma vantagem com relação a uma transação, contrato, decisão ou resultado.

Os conflitos de interesses podem ocorrer em situações em que os interesses particulares ou alheios aos da empresa influenciem inapropriadamente no juízo de valor ou no desempenho transparente dos administradores, colaboradores e terceiros em relação ao negócio da empresa.

Um conflito de interesse pode ser considerado real, potencial e aparente, a saber:
- Real: uma situação em que existe, de fato, um claro conflito de interesse;
- Potencial: uma situação que pode evoluir e se tornar um conflito de interesse real;
- Aparente: uma situação em que uma pessoa poderia razoavelmente concluir que o empregado não agiu com integridade no cumprimento de sua obrigação de agir no interesse da empresa.

Portanto, toda situação de conflito de interesse seja real, potencial ou aparente deve ser evitada e declarada no termo disponível na Intranet para que possa ser tratada de forma apropriada pela área de *compliance*, conforme as regras dispostas nesta Política e no Código de Conduta.

Deve-se efetuar a identificação de eventuais conflitos de interesses que possam surgir, mediante realização das seguintes práticas:
a. Mapeamento das principais atividades que podem gerar conflitos periódico para identificação de novas situações.
b. Divulgação obrigatória das que possam causar conflitos de interesse.
c. Realização de monitoramento de ligações telefônicas e *e-mails*.
d. Comunicação do colaborador a seu superior hierárquico de qualquer situação que venha a afetar sua objetividade e independência profissional, antes da realização de atividade sob sua responsabilidade.
e. O gerenciamento de conflitos de interesses inclui os procedimentos e/ou a adoção de medidas apropriadas conforme descrito a seguir:
f. Promoção de cultura de ética que ressalta que todos os colaboradores devem estar atentos a conflitos de interesses, potenciais ou efetivos;
g. Divulgação do Código de Conduta e assinatura de Termo de Conduta, onde os colaboradores se comprometem formalmente a cumprir todas as regras da organização, no que se refere ao conflito de interesses;
h. Segregação de funções e física de maneira a assegurar a separação das pessoas que podem tomar decisões daquelas que podem influenciar decisões.

i. Segregação lógica de modo que o acesso às informações seja de acordo com a função de cada colaborador.
j. Tratamento restrito de informações de terceiros, de contratos ou de quaisquer informações classificadas.
k. Política de remuneração que não gere conflito de interesses.
l. Revisão periódica e identificação de novos potenciais conflitos de interesses, oriundos de novos produtos e negócios.

Para fins dessa Política, seguem algumas situações que podem configurar a existência de conflitos de interesses que devem ser evitadas:
- Oferecer, promover, dar ou pagar propinas ou subornos, vantagens, favores, gratificações ou comissões a funcionários públicos ou privados, agentes, consultores, ou outras pessoas com o objetivo de influenciar decisão ou o cumprimento de uma obrigação.
- Usar da posição que ocupa na empresa para apropriar-se de oportunidades, comissões, abatimentos, empréstimos, descontos, favores, gratificações ou vantagens em benefício pessoal, de membros de sua família ou de terceiros.
- Obter vantagem financeira pessoal, direta ou indireta, de fornecedores, prestadores de serviço ou instituições que mantenham ou queiram manter relações com a empresa.
- Usar indevidamente informações privilegiadas, recursos financeiros e oportunidades de negócio para ganhos pessoais ou terceiros ou para fins contrários aos interesses comerciais da empresa.
- Manter atividades paralelas ou ser sócio, direta ou indiretamente, de companhia que seja fornecedor, concorrente e/ou conflitante com os negócios da empresa.

As situações previstas acima não compõem um rol taxativo e diversas outras situações podem compor conflito de interesses que deverão ser declarados.

1. Conflito de interesses na contratação de pessoas

Os funcionários podem indicar pessoas de seu ciclo de relacionamento, incluindo aquelas com quem tenham parentesco ou algum vínculo pessoal, para processos de seleção e contratação.

Contudo, os funcionários que realizam a indicação devem deixar claro o seu relacionamento com a pessoa indicada e devem assumir uma posição isenta, sem nenhuma participação, no processo de contratação, colocação ou promoção.

É dever dos membros do Conselho de Administração monitorar e administrar potenciais conflitos de interesses dos executivos e dos membros do Conselho, de forma a evitar o mau uso dos ativos da organização e, especialmente, abusos em transações entre partes relacionadas.

Não deverá ser permitido que se contrate ou se mantenha colaboradores que tenham qualquer grau de parentesco com subordinação direta.

2. Conflito de interesses na contratação de terceiros

Deve ser permitida a relação de parentesco e vínculo pessoal entre funcionários e fornecedores, prestadores de serviço e agentes terceirizados, desde que essa relação seja, obrigatoriamente, declarada e submetida para análise da área de *compliance*.

Esses funcionários que possuam alguma relação com fornecedores devem se abster de participar de quaisquer negociações, aprovações ou gestão de fornecedores ou prestadores de serviço em situações, para que não haja qualquer nível de influência e gestão entre os envolvidos.

O tratamento dos conflitos de interesses se estende a terceiros contratados e deve observar as seguintes práticas:
- análise dos contratos estabelecidos com terceiros;
- processo de *due diligence*.

3. Conflito de interesses com agentes públicos

Os funcionários que tenham parentesco ou vínculo pessoal com Agentes Públicos com poder decisório no âmbito de negócios da empresa devem declarar esse eventual conflito de interesse.

Essa declaração será recebida e analisada pela área de *compliance*, que irá sugerir as medidas necessárias para evitar situações de conflito de interesses.

Ao declarar um conflito de interesse, o funcionário ou membro do conselho, salvo se for instruído de outra forma, deve:
- abster-se de participar de qualquer debate, negociação e decisão relacionada com assunto do conflito;

- abster-se de influenciar outras pessoas, direta ou indiretamente, nas discussões ou decisões associadas com o conflito declarado;
- abster-se de participar de gerenciamento ou administração de qualquer contrato, transação, projeto, relacionamento, ou outra atividade relacionada ao conflito declarado.

Todos os incidentes informados de suspeitas de violação desta Política serão investigados imediatamente e de forma apropriada. Se, depois da investigação, verificar-se que ocorreu uma conduta que infringe as regras desta Política, serão tomadas medidas corretivas imediatas e exemplares, sempre de acordo com as circunstâncias, gravidade e a lei aplicável.

CAPÍTULO 5: MODELO DE POLÍTICA ANTICORRUPÇÃO

A lei anticorrupção exige uma postura proativa das empresas no sentido de prevenir atos de corrupção.

Enquanto o Código Penal e a Lei de Improbidade Administrativa possuem caráter reativo, ou seja, punem depois que os atos aconteceram (se descobertos), a Lei Anticorrupção tem um caráter preventivo, exigindo que as empresas possuam sistemas e políticas internas que previnam a ocorrência desses atos.

Política anticorrupção pode ser definida como conjunto de medidas preventivas de atos de corrupção (atos lesivos contra a administração pública) que podem ocorrer durante as atividades empresariais.

Este documento visa definir procedimentos para assegurar que todos os funcionários, sócios e demais prestadores de serviços entendam os requisitos gerais das leis anticorrupção vigentes no Brasil e no exterior, principalmente a Lei Anticorrupção Brasileira nº 12.846/2013.

Conceitos:

Agente público: é quem exerce função pública, de forma temporária ou permanente, com ou sem remuneração.

Lei anticorrupção brasileira: Lei Federal nº 12.846 sancionada em 1º de agosto de 2013, que dispõe sobre a responsabilização objetiva administrativa e civil de pessoas jurídicas pela prática de atos contra a administração pública, nacional ou estrangeira.

Fraude: é o crime ou ofensa de, deliberadamente, enganar outros com o propósito de prejudicá-los, usualmente para obter propriedade ou serviços dele ou dela injustamente. É qualquer ato ardiloso, enganoso, de má-fé com o intuito de lesar ou ludibriar outrem, ou de não cumprir determinado dever, obtendo para si ou outrem vantagens ou benefícios indevidos (pecuniários ou não).

Corrupção: é o ato ou efeito de subornar uma ou mais pessoas em causa própria ou alheia, geralmente mediante a oferta de dinheiro. Também pode ser conceituado como o emprego, por parte de pessoas do serviço público e/ou particular, de meios ilegais para, em benefício próprio ou alheio, obter vantagens ou benefícios indevidos (pecuniários ou não). Ela pode ser constatada sob 02 (duas) modalidades, sendo:

a) Passiva: praticada por Agente Público contra a administração pública em geral e consiste em solicitar ou receber, para si ou para outrem, direta ou indiretamente, ainda que fora da função, ou antes, de assumi-la, mas em razão dela, vantagem indevida, ou aceitar promessa de tal vantagem.

b) Ativa: praticada por particular contra a administração pública em geral e consiste em oferecer ou prometer vantagem indevida a Agente Público, para determiná-lo a praticar, omitir ou retardar ato de ofício.

Pode ser entendida, também, como sendo o ato ou efeito de degenerar, seduzir ou ser seduzido por dinheiro, presentes, entretenimentos ou qualquer benefício que leve alguém a se afastar, agir ou deixar de agir de acordo com a lei, moral, bons costumes e o que é considerado certo no meio social. Para fins desta política, não será tolerada qualquer forma de corrupção, quer com entes públicos, quer com partes privadas.

Tráfico de influência: praticado por particular contra a administração pública em geral e consiste em solicitar, exigir, cobrar ou obter, para si ou para outrem, vantagem ou promessa de vantagem, a pretexto de influir em ato praticado por Agente Público no exercício da função. Veja que, nesse crime, não se trata de promessa de dinheiro, mas sim de vantagens.

Prevaricação: praticada por Agente Público contra a administração pública em geral e consiste em retardar ou deixar de praticar, indevidamente, ato de ofício, ou praticá-lo contra disposição expressa de lei, para satisfazer interesse ou sentimento pessoal.

Concussão: praticada por Agente Público contra a administração pública em geral e consiste em exigir, para si ou para outrem, direta ou indiretamente, ainda que fora da função, ou antes, de assumi-la, mas em razão dela, vantagem indevida. Também incorre nesse crime o funcionário que exige tributo ou contribuição social que sabe ou deveria saber indevido, ou, quando devido, emprega na cobrança meio vexatório ou gravoso, que a lei não autoriza.

A lei define os atos lesivos contra a administração pública como:
- prometer, oferecer ou dar, direta ou indiretamente, vantagem indevida a agente público, ou a terceira pessoa a ele relacionada;
- comprovadamente, financiar, custear, patrocinar ou de qualquer modo subvencionar a prática dos atos ilícitos previstos;
- comprovadamente, utilizar-se de interposta pessoa física ou jurídica para ocultar ou dissimular seus reais interesses ou a identidade dos beneficiários dos atos praticados;
- dificultar atividade de investigação ou fiscalização de órgãos, entidades ou agentes públicos, ou intervir em sua atuação, inclusive no âmbito das agências reguladoras e dos órgãos de fiscalização do sistema financeiro nacional.

Esta política deverá ser aplicável aos funcionários, terceiros, agentes, representantes, observando-se, no que couber, a responsabilização objetiva administrativa e civil pela prática de atos contra a administração pública, nacional ou estrangeira.

São exemplos de atos contra os princípios da administração pública:
a. prometer, oferecer ou dar, direta ou indiretamente, vantagem indevida a agente público, ou a terceira pessoa a ele relacionada;
b. comprovadamente, financiar, custear, patrocinar ou de qualquer modo subvencionar a prática dos atos ilícitos previstos nesta Política;
c. comprovadamente, utilizar-se de interposta pessoa física ou jurídica para ocultar ou dissimular seus reais interesses ou a identidade dos beneficiários dos atos praticados;
d. frustrar ou fraudar, mediante ajuste, combinação ou qualquer outro expediente, o caráter competitivo de procedimento licitatório público;
e. impedir, perturbar ou fraudar a realização de qualquer ato de procedimento licitatório público;
f. afastar ou procurar afastar licitante, por meio de fraude ou oferecimento de vantagem de qualquer tipo;
g. fraudar licitação pública ou contrato dela decorrente;
h. criar, de modo fraudulento ou irregular, pessoa jurídica para participar de licitação pública ou celebrar contrato administrativo;

i. obter vantagem ou benefício indevido, de modo fraudulento, de modificações ou prorrogações de contratos celebrados com a Administração Pública, sem autorização em lei, no ato convocatório da licitação pública ou nos respectivos instrumentos contratuais;
j. manipular ou fraudar o equilíbrio econômico-financeiro dos contratos celebrados com a Administração Pública;
k. receber, para si ou para outrem, dinheiro, bem móvel ou imóvel, ou qualquer outra vantagem econômica, direta ou indireta, a título de comissão, percentagem, gratificação ou presente de quem tenha interesse, direto ou indireto, que possa ser atingido ou amparado por ação ou omissão decorrente das atribuições do agente público;
l. perceber vantagem econômica, direta ou indireta, para facilitar a aquisição, permuta ou locação de bem móvel ou imóvel, ou a contratação de serviços de agentes públicos;
m. receber vantagem econômica de qualquer natureza, direta ou indireta, para fazer declaração falsa sobre medição ou avaliação em obras públicas ou qualquer outro serviço, ou sobre quantidade, peso, medida, qualidade ou característica de mercadorias ou bens fornecidos a qualquer agente público;
n. oferecer emprego, comissão ou exercer atividade de consultoria ou assessoramento para pessoa física ou jurídica que tenha interesse suscetível de ser atingido ou amparado por ação ou omissão decorrente das atribuições do agente público, durante a atividade;
o. perceber vantagem econômica para intermediar a liberação ou aplicação de verba pública de qualquer natureza;
p. receber vantagem econômica de qualquer natureza, direta ou indiretamente, para omitir ato de ofício, providência ou declaração a que esteja obrigado.

Nenhum funcionário (próprio ou terceiro) deverá ser retaliado ou penalizado devido a atraso ou perda de negócios resultantes de sua recusa em pagar ou receber suborno.

Os registros de todos os pagamentos efetuados ou recebidos devem ser suportados por documentos originais e devem refletir tal operação de maneira precisa, adequada e autorizada de acordo com os níveis competentes. Além disso, a empresa deve proibir operações não registradas e não informadas. Estas exigências têm o objetivo de evitar que se encubram subornos e desencorajar práticas contábeis fraudulentas.

Constitui violação desta política o caso de qualquer colaborador ou terceiro tolerar, disfarçar conscientemente, falsificar ou solicitar reembolso para qualquer despesa que não cumpra as exigências legais.

As decisões comerciais da empresa devem sempre ser pautadas pela integridade, transparência e objetividade, sem influência de presentes ou favores. Um presente usual de valor razoável, justificável, um gesto de respeito ou de agradecimento podem representar uma forma adequada com que as pessoas de negócios demonstrem respeito umas pelas outras, quando concedidas de forma aberta e transparente. O ato de dar ou receber uma refeição ou um benefício de hospitalidade não deve ser realizado com o objetivo de influenciar, de maneira inadequada, uma autoridade pública e/ou parceiro comercial.

Para evitar a impressão de relações impróprias com qualquer pessoa, seja ela Agente Público ou não, a empresa deve elaborar uma política interna de presentes, brindes e viagens onde estabelecerá valores máximos a serem permitidos ou definir expressa proibição.

Após a contratação de terceiros, é dever do gestor responsável pela contratação acompanhar suas atividades, sempre atento a eventuais sinais de alerta ou de descumprimento às Leis Anticorrupção.

Ao identificar uma possível fraude, deve-se considerar as providências que precisam ser tomadas para minimizar ou eliminar o risco de suborno ou corrupção que aquela relação em particular possa apresentar, inclusive eventual extinção de tal relação. Havendo dúvidas, deve-se comunicar ao comitê de ética.

Os funcionários que violarem o código ou diretrizes estarão sujeitos a medidas disciplinares e até mesmo à rescisão do contrato de trabalho, sujeito à legislação local.

CAPÍTULO 7:
CANAL DE DENÚNCIAS, INVESTIGAÇÃO E *WHISTLEBLOWING*

Orientações para o leitor:

- Cada caso é singular, desta forma, demanda uma abordagem igualmente singular.
- Um planejamento adequado da investigação deve prever o maior número de variáveis possíveis, sempre considerando prazo e recursos disponíveis para a sua realização (não adianta um planejamento enorme se teremos poucos recursos e prazo exíguo).
- Lembre-se que não existe crime perfeito. A investigação que não foi eficiente para identificar o autor e obter as provas que o vinculem ao fato, desta forma, mantenha o foco no objetivo da investigação.
- Se, no decorrer de uma apuração, descobrir outro fato (inconforme, antissocial ou criminoso), abra outra investigação para apurar. Não misture as coisas.
- Considere as limitações de uma investigação privada (interna na empresa), podemos chegar em um momento em que a comunicação aos órgãos públicos será necessária para prosseguir ou obrigatória por determinação legal.
- Atentar que, no curso de nossa investigação, devemos identificar vulnerabilidades dos procedimentos e sistemas, visando a produzir conhecimento relevante (inteligência) para tomada de decisão pela alta direção.

- A prova dos fatos deve ser produzida de forma transparente, documentada e preservada. Não pode ter "achismo". Se localizar um documento, faça um termo da diligência, descrevendo (ainda que sucintamente) o documento, sua exata localização, quem testemunhou, dia e hora e PRESERVE. Se for um computador, notebook, telefone, NÃO MEXA, apenas PRESERVE para que um perito manuseie.
- Todos os atos da investigação devem ser formalizados, ainda que sucintamente. Termo de entrevista para consignar o que as pessoas sabem sobre o fato e pessoas, relatório de diligência de uma busca, por exemplo.
- O(s) investigado(s) deve(m) ser preservado(s). JAMAIS acuse qualquer pessoa (colaborador, prestador de serviço, fornecedor, servidor público) sem ter um conjunto probatório robusto e consistente em mãos.
- Muitas vezes o autor do fato (ato inconforme, ato antissocial, ato criminoso) não tem ideia de que fez algo errado, entretanto, muitos sabem e buscam acompanhar as investigações para saber se será descoberto e/ou atrapalhar as apurações.

Fases de uma investigação

1 Conhecimento do fato

- O que aconteceu?
- Quando aconteceu? (permite centrar a apuração em um determinado período de dias e horas)
- Existe histórico de fatos semelhantes?
- Existem indícios (documentos, informações) de autoria?
- Quem identificou o fato? (será o primeiro entrevistado – fase seguinte)

2 Planejamento da apuração

- Com base nas respostas, podemos definir uma linha de investigação com:
    - O que vamos precisar de recursos (humanos – equipe; materiais – salas/veículos/equipamentos);

- Quem vamos entrevistar (ordem de relevância determinada: i. presença no local dos fatos no período; ii. relação com os fatos – trabalha no setor ou tem proximidade com o suspeito);
- Definição da ordem das diligências.

3 Diligências

3.1 Entrevistas iniciais

- Identificação do entrevistado, há quanto tempo trabalha na empresa, no setor, relação com os demais colaboradores, se possui amigos íntimos ou inimigos, o que sabe sobre o fato, se desconfia de alguém (e por que), ODJU (Outros Dados Julgados Úteis) para apuração.

- Se já possuir um suspeito, deixe para entrevistá-lo quando já possuir elementos indiciários de autoria. Todos podem ser entrevistados mais de uma vez, portanto, necessário formalizar e anotar as contradições.

- Existem inúmeras técnicas de entrevista. Uma delas observa a chamada resposta não verbal (corporal), nervosismo, dissimulação etc.

3.2 Coletas

- Pesquisa nos bancos de dados abertos e da empresa sobre os fatos, pessoas que tenham ou tiveram alguma relação com o fato ou setor onde ocorreu.

3.3 Buscas

- Diligências para obtenção de elementos de prova (comparecer em empresa fornecedora/prestadora de serviço para confirmação de dados/informações).
- Confirmações de endereços e outros bancos de dados (cartórios, por exemplo).

3.4 Perícias

- No caso de fato que deixe vestígio, indispensável periciar o documento, arquivo, equipamento. Pode ser o caso de uma perícia contábil nos crimes ou inconformidades financeiras.

3.5 Entrevista do suspeito (ou alvo)

- Identificação do entrevistado, há quanto tempo trabalha na empresa, no setor, relação com os demais colaboradores, se possui amigos íntimos ou inimigos, o que sabe sobre o fato, se ele o teria praticado; em caso de negativa, o que tem a dizer sobre (descrever o que foi apurado em seu desfavor).

4 Relatório conclusivo

- Descrição sumária do fato que foi apurado.
- Descrição das diligências realizadas (entrevistas, coletas, buscas, perícias).
- Descrição sumária do laudo pericial (se houver).
- Conclusão lógica da apuração, ou seja, com base nas provas produzidas, chegamos à conclusão que o AUTOR DO FATO foi o colaborador ....
- Como decorrência da apuração (que pode não ter identificado o autor ou concluir que NÃO OCORREU fato inconforme, antissocial ou criminoso), devemos:
    i. Identificado o autor: sugerir procedimentos (capacitação/treinamento, advertência, suspensão ou demissão do autor, apresentação de notícia crime);
    ii. Não identificação do autor ou confirmação do fato: alteração ou implantação de procedimentos e/ou sistemas (produção de conhecimento – sob a ótica da inteligência).

SOBRE OS AUTORES

Bernardo Lemos
Graduado em Economia – UERJ. Graduado em Contabilidade – Trevisan Escola de Negócios. Especialização em *Compliance* – Universidade de Coimbra. Programa de Liderança – Fundação Dom Cabral. Especialização em Governança, Riscos e Controles (GRC) – KPMG Risk University. MBA em Finanças Corporativas pela Candido Mendes. Certificado em Prevenção a Lavagem de Dinheiro e Financiamento do Terrorismo – IPLD. Professor da cadeira de Auditoria Interna do MBA em *Compliance* e Controles Internos – Trevisan Escola de Negócios. Professor de gestão de riscos do curso de especialização em *Compliance* e Controles Internos – IUPERJ. Professor da cadeira de Gestão de Riscos e Auditoria Interna do MBA em *Compliance* e Governança do IBMEC. Membro Fundador e Diretor Financeiro do Instituto *Compliance* Rio (ICRio). Experiência em *Compliance*, Auditoria e Controles Internos há mais de 15 anos, com atuação em empresas multinacionais. *Head* de Auditoria Interna e *Compliance* da Log-In Logística Intermodal S.A.

Cristiane Petrosemolo Cola
Graduada em Ciências Econômicas – Universidade Federal Fluminense. MBA de Gestão Empresarial – Fundação Getulio Vargas Rio (FGV). Pós-Graduada em Auditoria e Controladoria – Candido Mendes (AVM). Especialização em *Compliance* Avançado – *Fordham University NY*. Obteve Certificação em *Control Self-Assessment – Institute of Internal Auditors* (IIA), *Certified Compliance and Ethics Professional International* (CCEP-I), *Society of Corporate Compliance & Ethics* (SCCE) e *Certified Fraud Examiners* (CFE). Membro fundador do Instituto de *Compliance* Rio (ICRio) e participante do GT Questionários de Autodiagnóstico para Pequenas e Médias Empresas. Membro do *Compliance Women Committee* (CWC), SCCE e IIA. Atua há mais de 14 anos em multinacionais nas áreas de Avaliação de Riscos, Controles Internos, Auditoria e *Compliance*. *Deputy Compliance Officer* na Europa. Professora da Pós-Graduação de *Compliance* no IBMEC RJ.

Daniel Brandão
Graduado em Direito – Instituto Metodista Bennet. Pós-Graduado em Advocacia Criminal nível Especialização – Pró-Reitoria de Planejamento e Desenvolvimento Universidade Candido Mendes. Curso de Formação de Delegado

de Polícia Federal – ANP/MJ. Curso de Táticas de Intervenção – COT/DPF/MJ. Membro da Comissão de Prerrogativas da ADPF. Pós-Graduado em Criminologia, Direito e Processo Penal – Universidade Candido Mendes. Curso de Extensão em *Compliance* – FGV Direito Rio. *Compliance* Anticorrupção – LEC. Membro Fundador do Instituto *Compliance* Rio (ICRio). Integrante do GT ICRio Questionários de Autodiagnósticos para Empresas. Pós-Graduando em *Compliance* Criminal e Responsabilidade Empresarial – CEPED-UERJ. Membro IBRACRIM. Delegado da Polícia Federal aposentado. Advogado com mais de 20 anos de experiência em Direito Criminal e Empresarial. Sócio do escritório Daniel Brandão Advogado, onde atua na área Criminal e *Compliance*.

Luana Lourenço
Graduada em Direito – UCSAL. LL.M Direito Empresarial com Especialização em *Compliance* Avançado – FGV Direito Rio. *International Certificate in Advanced Compliance* – CISI. Cursa MBA em *Management* no IAG PUC Rio. Cursou Secretaria de Governança Corporativa, Desenvolvimento em Governança Corporativa para Executivos e Conselheiros de Administração no IBGC. Liderança e Gestão de Pessoas – INSPER. Mediadora de Conflitos – Mediare. Coordenou o GT Questionários de Autodiagnóstico para Empresas e o GT Governança no ICRio. Coordena o GT Governança na Prática na Rede Governança Brasil. Líder do *Chapter* Capitalismo Consciente RJ. Associada Fundadora do ICRio. Associada do IBGC, integrante do Capítulo RJ com foco em ESG. *Member* SCCE. *Miembro* WCA. Membro Fundador IBPC. Associada Mediare, integra o GT Empresarial. Membro do *Compliance Women Committee*. Professora de Pós-graduação na UCSAL e no CEPED/UERJ. Consultora Empresarial. Pioneira da Governança Humanizada. Diretora-Fundadora da Ocean Governança Integrada.

Thaíssa Felgueiras
Advogada. Graduada em Direito pela Universidade Federal do Rio de Janeiro (UFRJ). LL.M em Direito Empresarial com Especialização em Direito Societário e *Compliance* – FGV Direito Rio. Foi integrante do Grupo de Trabalho Questionários de Autodiagnósticos para Empresas no Instituto *Compliance* Rio (ICRio). Associada Fundadora do Instituto *Compliance* Rio (ICRio). Membro do *Compliance Women Committee*. Advogada com experiência em Consultivo Estratégico, Contencioso e Contratual nos âmbitos do Direito Cível, Empresarial, Societário e *Compliance* Empresarial. Foi Especialista Jurídico e *Compliance* na Apolo Tubulars S.A. Analista Sênior na área de Governança, Riscos e *Compliance* na Nissan América Latina.

Thereza Moreira
Graduada em informática pela UNESA. Pós-graduada em Petróleo e Gás pela COPPE UFRJ. Pós-graduada em *Compliance* pela PUC Minas. Atua em auditorias, consultorias e treinamentos em regulação para a área de petróleo e gás e na Lei Geral de Proteção de Dados (LGPD). Atuou como Gerente de Desenvolvimento de Negócios. É professora de Política de Conteúdo Local na Universidade do Setor de Petróleo, Gás e Biocombustíveis (Unibp). Membro Fundadora do Instituto *Compliance* Rio (ICRio). Integra o *Compliance Women Committe* (CWC). Atua na organização dos seminários anuais de descomissionamento de plataformas *offshore*, desmonte de navios e meio ambiente da Sociedade Brasileira de Engenharia Naval (SOBENA).

Victor Lunetta
Empreendedor por vocação, iniciou seu primeiro negócio aos 14 anos. Advogado graduado pela Pontifícia Universidade Católica do Rio, aperfeiçoou-se profissionalmente em multinacionais, órgãos estatais, tradicionais escritórios jurídicos e iniciativas próprias. Associado ao Instituto *Compliance* Rio (ICRio), à Associação dos Diplomados da Escola Superior de Guerra e à *International Bar Association*, desenvolve estudos sobre ética, gestão empresarial, segurança privada e da informação. No ICRio, coordenou a elaboração do Programa de Integridade, inaugurou o GT sobre a Lei Geral de Proteção de Dados e ocupa assento no Comitê de Ética. Fundou e lidera desde 2017 a *Potentia Group*, conglomerado que visa ao desenvolvimento ético do ambiente de negócios. Produz e apresenta o Think.Tanks, programa semanal e *podcast* sobre tendências corporativas da Rádio Cidade FM.

Esta obra foi composta em fonte Palatino Linotype, corpo 10
e impressa em papel Offset 75g (miolo) e Supremo 250g (capa)
pela Paulinelli Serviços Gráficos.